KB189235

부처님의 감정수업

부처님의 감정수업

분노, 자존감, 우울로 힘든
사람들을 위한 불교심리학 강의

김정호,
서광,
전현수
지음

목차

제1강
분노는 나의 스승이다
- MPPT로 분노 다스리기

김정호(덕성여대 심리학과 교수)

제2강

당신의 자존감은 안녕한가요

- 상처 입은 자존감을 위한 불교심리학

서광((사)한국명상심리상담연구원장)

제3강

마음을 알면 우울이 보인다

- 초기불교로 마음 분석하기

전현수(전현수정신건강의학과의원장)

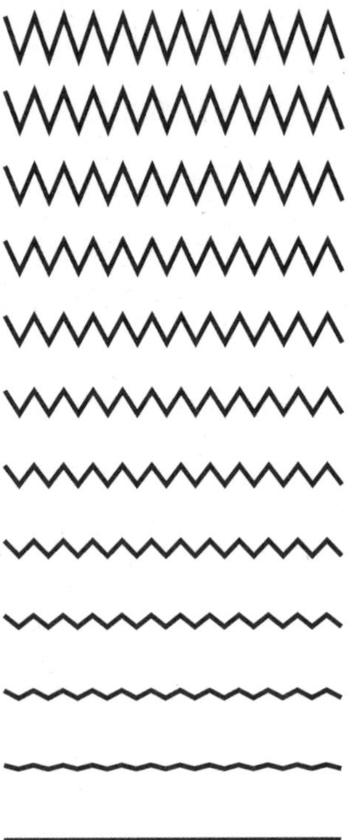

마음을 제어하여 한곳에 두면
무슨 일이든지 다 처리하리라

_ 유교경

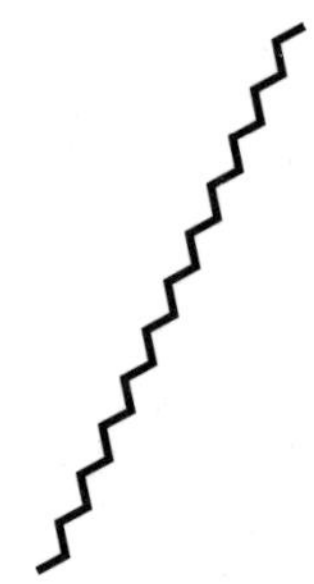

제1강

김 정 호
(덕성여대 심리학과 교수)

강의를 시작하며 1

아메리카 인디언들은 말을 달리다가 가끔씩 멈춘다고 합니다. 말이 너무 빨리 달려서 자신들의 영혼이 뒤따라오지 못하는 것은 아닌지 뒤돌아보기 위해서라는 것이지요. 우리 인류는 그동안 매우 빠르게 달려 왔습니다. 그 결과 놀라운 문명을 이루었지만, 자신들이 사는 지구 환경의 파괴에 따른 후폭풍에 직면하고 있습니다. 오늘날 우리가 겪는 코로나바이러스의 재앙도 지구 생태계의 교란에 따른 결과로, 우리 인류에게 자신을 돌아보게 하는 경고로 받아들여야 할 것입니다. 우리 인류는 집단적으로 무엇을 지향하며 달리고 있는지, 개인적으로는 각자 삶에서 무엇을 위해 살고 있는지 돌아볼 때가 되었습니다.

자연에 대한 인간의 이해와 통제는 놀라우나 정작 우리 자신의 마음에 대한 이해와 조절은 미숙하기만 합니다. 인간은 원자보다 작은 입자도 볼 수 있고 은하계 너머의 우주도 관찰할 수 있습니다. 지구를 몇 번이고 파괴할 수 있는 핵폭탄을 가지고 있고, 지구 반대편에 사는 인간과 얼굴을 보며 통화할 수 있는 스마트폰도 만들었지요. 그러나 자신의 마음을 보고 마음을 다루고 옆 사람과 마음을 나누는 소통을 하는 데는 취약합니다. 21세기에도 인간은 여전히 특정한 인종적 편견, 종교적 도그마, 정치 사회적 이념 등에 쉽게 편승하고 적개심과 공격성을 표출하고 있습니다.

우리 인류가 지금까지 최대한의 노력을 기울여 자연을 이해하고 다루는 능력을 신장시켜 온 것은 결국 행복을 추구한 것 아니겠습니까? 그런데 그 노력이 결코 행복을 가져오지 않았습니다. 자연환경을 최대한 이용하여 그동안 인류 역사에 없던 엄청난 물질적 풍요를 누리게 됐지만, 오히려 이제껏 본 적 없는 우울증의 급격한 증가를 경험하고 있지요. 인류는 이제 자연을 알고 다루는 능력과 균형을 이룰 수 있도록 자신의 마음을 보고 다룰 줄 아는 능력을 양성하는 데 힘써야 하겠습니다.

불교에서는 일체유심조(一切唯心造)라고 말합니다. 그만큼 우리 삶에서 마음의 중요성을 강조합니다. 본 강의는 인간이 추구하는 행복을 우리 마음을 이해하고 관리하는 능력을 개발하는 데서 찾고자 기획되었습니다. 모든 인간이 어린 시절부터 자신의 마음을 알고 다룰 줄 아는 마음지식과 마음기술을 배우고 익히게 된다면, 인간적으로 성장하고 성숙하게 되며 그 속에서 진정한 행복을 얻게 될 것입니다. 작은 출발이지만, 언젠가는 유치원 때부터 공교육에서 정규 과목으로 마음을 이해하고 관리하는 마음공부를 가르치게 되는 날이 오기를 소망해 봅니다.

분노는 나의 스승이다

MPPT로 분노 다스리기

분노를 양산하는 사회

과거 시대와 비교해 볼 때 현대사회는 물질적으로 매우 풍요로운 사회입니다. 그럼에도 불구하고 현대인들은 마음에 여유가 없고 많은 스트레스를 경험하고 있습니다. 현대사회는 그 어느 때보다도 경쟁적인 사회이기 때문입니다. 또한 경쟁의 결과로 얻게 되는 부의 편차가 점차로 심화되고 있어서 경쟁에 더욱더 매달리게 됩니다.

어린 시절부터 학교에서 등수로 서열을 부여합니다. 아무리 열심히 공부해도 1등이 있고 꼴찌가 있습니다. 상대적 평가를 하는 것이지요. 그나마 과거에 대학은 상대평가로부터 자유로웠습니다. 그러나 이제는 그렇지 않습니다. 교육부에서 대학을 평가하는데 교수들이 엄격한 상대평가에 따라 학점을 부여하지 않으면, 그 대학을 평가할 때 낮은 점수를 줍니다. 예전에는 교수가 볼 때 학생들이 모두 열심히 하고 잘했다면 전원 A+를 줄 수 있었습니다. 반대로 모두 못했다면 전원 F를 줄 수도 있었지요. 지금은 그렇게 못합니다. 성적 등급마다 줄 수 있는 인원의 퍼센티지가 딱 정해져 있습니다. 학생들이 열심히 공부해서 모두 90점 이상을 받아도 0.1점이라도 차이가 있으면 그 차이로 줄을 세우고 C 학점도 주고 D 학점도 주어야 합니다. 그렇게 하지 않으면 성적 입력 자체가 되지 않습니다. 열심히 공부하고 여러 가지 스펙을 쌓아서 기업에 취업을 해도, 그 안에서 또 끊임없이 평가를 받게 됩니다. 그 평가 역시 대체로 상대평가입니다. 아무리 잘해도 누군가는 C를 받아야 합니다. 예전에는 연공서열도 있었지만, 이제는 온전히 업적에 대한 냉정한 상대평가로 연봉과 승진이 결정됩니다.

이런 사회구조 속에서 살아가는 현대인들, 학생들은 어떤 경험을 하게 될까요? 어떤 관점을 갖게 될까요? 어떻게 해서든 생존해야 하고 앞서 나가야 한다고 생각하게 됩니다. 경쟁에 뒤처지면 안 되고 늘 이겨야 한다는 강박 속에 살게 됩니다. 사회구조가 경쟁적이다 보니 마음에 평화가 없고 여유가 없습니다. 늘 남과의 비교 속에서 자신이 뒤처졌다는 좌절감, 혹은 뒤처지는 것이 아닐까 하는 불안 등으로 스트레스를 경험하고 있습니다.

자신이 바라는 것이 좌절되면 그것을 자신이 원하는 대로 하기 위해 강한 화의 에너지가 발생합니다. 그런데 개인주의가 강한 현대사회에서는 모든 결과의 원인을 개인에게 귀인하는 경향이 강하기 때문에 그 화가 자기 자신에게 향하는 경우가 많습니다. 좌절된 결과를 가져온 자신의 무능을 비난하게 되는 것이지요. 이렇게 되면 우울해질 수밖에 없습니다. 산업화된 사회일수록 우울한 사람의 숫자가 늘어나는 것이 우연이 아닙니다. 뿐만 아니라 우울증을 보이는 연령이 점차 내려가서 중고등학생, 심지어 초등학생에게서도 나타나고 있습니다. 한편으로는 해결되지 않은 화가, 분출해도 괜찮다고 생각되는 대상이나 상황에서 강한 공격성을 띠고 표출되기도 합니다. 직장에서 쌓인 화를 집에 와서 가족에게 풀기도 합니다. 자신이 드러나지 않는 익명 게시판에서 악성 댓글을 달기도 합니다. 또 사회제도나 정부 정책에 대해 과도하게 공격적인 비판이나 행동을 하기도 합니다.

현대사회는 제대로 관리되지 않은 화가 양산되어 우울과 분노가 만연한 사회라고 할 수 있습니다. 마음에 화의 가스가 꽉 차 있어서 어느 때든 작은 불씨로도 분노가 폭발하게 됩니다. 극단적인 경우에는 자기 자신을 죽이는 자살이나 상대를 죽이는 살인으로 나타나기도 합니다. 지금의 무한경쟁적인 사회구조를 변화시키는 것이 분명히 필요하지만, 그 변화가 당장 나타나기는 어려워 보입니다. 그렇다고 사회구조가 변화할 때까지 손 놓고 있을 수는 없습니다. 개인적 차원에서 볼 때 어떤 사회구조에서든 자신의 화에 대한 조절 능력을 키우는 것이 필요합니다.

분노의 경험과 표현

물론 화에는 분명히 긍정적 기능이 있습니다. 부당하게 경험하는 좌절에는 분노를 느껴야 합니다. 사람들과의 상호작용에서 상대가 잘못한 경우에는 화가 나야 하고, 상대가 바르게 행동하도록 소통할 수 있어야 합니다. 거시적으로도 잘못된 사회제도나 사회현상에 제대로 깨어 있지 못하면, 느껴야 할 분노를 제대로 느끼지 못하고 부정과 부패가 만연할 수 있습니다. 잘못된 것에 분노를 느끼고, 분노의 힘을 가지고 잘못된 것을 변화시켜야 사회가 바르게 바뀌지 않겠습니까? 이와 같이 제대로 분노를 느끼고 바르게 사용하면 나와 환경의 성장과 발전에 도움이 됩니다.

여기서 분노의 경험과 분노의 표현을 구분하는 것이 좋겠습니다. 즉, 분노를 느끼는 것과 분노에 대한 반응을 구분하는 것입니다. 분노의 경험은 환경과의 상호작용에서 내 욕구가 좌절되었음을 알려 주는 정보적 측면이 있습니다.

분노의 표현은 다시 분노표출(Anger-Out)과 분노억제(Anger-In)의 두 가지 방식으로 나눠 볼 수 있습니다. 분노표출은 화를 밖으로 표현하는 것이고, 분노억제는 화를 바깥으로 표출하지 않고 안으로 향하는 것입니다. 분노표출은 당장 효과적으로 보일 때도 있지만, 올바른 방법으로 하지 않으면 오히려 악순환에 빠지게 됩니다. 하나의 잘못된 분노표출로 인해 관계가 나빠지고 분노할 일이 더 많아지게 됩니다. 분노억제도 문제가 많습니다. 분노를 부정하거나 회피하기보다는 정확하게 보고 이해해서 분노의 정보적 기능을 잘 살려야 합니다. 그런데 분노를 무조건 부정적으로만 보는 경우가 많습니다. 그래서 어렸을 때부터 아이들에게 분노를 나타내지 못하게 엄하게 가르치는 가정이 적지 않습니다. 분노를 적절하게 표현할 수 있도록 가르쳐야지 무조건 억제하는 것은 적절하지 않습니다.

성직자 중에 분노의 표현을 굉장히 꺼리는 분들이 있습니다. 스님, 신부, 목사로서 어떻게 신도들 앞에서 화를 내느냐고 분노표출을 극도로 억제하는 경우가 있는데요. 그것이 바람직하지 않은 결과를 가져오기도 합니다. 화를 억제하다 보면 화를 있는 그대로 느끼는 능력, 나아가 정서를 있는 그대로 느끼는 능력을 퇴보시킬 수 있습니다. 내가 모르는 사이에 화만 못 느끼는 것이 아니라 감정 자체를 잘 못 느끼게 되고, 그렇게 되면 사람들과 정상적으로 소통하는 것이 어려워집니다. 상대가 무엇을 느끼는지, 내가 무엇을 느끼는지 잘 모르게 되기 때문입니다.

어떤 성직자 한 분이 그랬다고 합니다. 신도들 앞에서 화를 내지 않으려고 무던히 노력했는데, 그러다 보니 어느 순간부터인가 화를 안 내게 됐다고 해요. 그래서 잘됐다고 생각하고 있었는데, 어느 날 오랜만에 옛 동창을 만나서 반갑게 인사를 나누는

데 그 동창으로부터 "너 왠지 목석같다"라는 이야기를 들었다고 합니다. 평소에 억압하는 방식으로 분노를 관리하다 보니까 자기도 모르는 사이에 감정 체계 전체에 문제가 생기고 감정을 제대로 소통할 수가 없게 된 겁니다.

이런 점에서 분노를 느끼는 것은 굉장히 중요합니다. 물론 아무 때나 느끼라는 뜻이 아니라 제대로 느끼라는 겁니다. 분노 자체를 미워하고 두려워하고 경원시하면 안 된다는 말입니다. 다시 한번 말씀드리지만, 있는 그대로 받아들이고, 환영하고, 잘 관찰해서, 나를 포함해서 분노의 구성에 관련된 주변 환경이나 주변 사람들을 이해하는 단초로 삼는 것이 중요합니다.

앞에서 분노의 억제와 관련해서 감정이 둔화되는 경우를 이야기했습니다. 여기에 한 가지 더 관련된 현상으로 억눌린 감정의 신체화 현상이 있습니다. 신체화는 심리적인 문제가 신체적인 증상으로 나타나는 현상을 말합니다.

감정을 잘 느끼지 못하는 사람들은 대개 몸이 많이 아픕니다. 연구에 따르면, 남성과 여성을 비교할 때 여성에게 신체화 증상이 조금 더 많습니다. 생물학적 차이도 있을 수 있지만, 아마 화의 표출에 있어서 여성이 남성보다 사회적으로 더 제약이 많기 때문이 아닌가 생각됩니다. 남성의 경우 때로는 분노의 표현이 남자다움으로 보일 수도 있지만, 여성의 경우에는 화의 표출이 극도로 억압되지 않습니까? 그러다 보니 여성들이 화의 감정을 억누르는 경우가 많은 것 같습니다.

문제는 억누른 감정이 해소된 게 아니라 속으로 들어가서 몸으로 나타난다는 겁니다. 머리가 아프거나, 배가 아프거나, 어깨가 아프거나, 어딘가 몸의 아픔으로 나타나는 경우가 많습니다. 이런 사람들은 스트레스 검사를 해 보면 우울이나 불안은 높지 않은데 신체화 점수가 높게 나타납니다. 이런 경우는 실제로 스트레스 상태에 있는데 그것을 제대로 느끼지 못하고 있는 겁니다. 못 느낀다는 것은 매우 위험합니다. 장기적으로 신체 어딘가가 고장이 나게 됩니다. 심리적으로도 행복을 느끼기 어렵습니다. 결국 화를 억압한 대가를 치르게 됩니다. 따라서 자신의 감정을 바르게 이해하는 것이 매우 중요합니다.

분노 관리의 필요성

분노의 감정을 잘 알고 상황에 맞게 적절하게 표현할 줄 아는 능력이 매우 중요합니다. 마땅히 느껴야 하는 분노라도 바르게 표현할 수 있어야 합니다. 분노를 과하게 표출하면 관계를 그르치게 되고 사회적으로도 공감을 얻지 못하여 역풍을 맞을 수도 있습니다. 또 분노를 느껴야 할 때 느낄 줄 아는 것이 중요하지만,

사소한 일에도 과민하게 분노를 느낀다면 일상생활을 정상적으로 영위하기 어려울 겁니다.

분노는 관리되어야 합니다. 실제로 분노 연구를 많이 한 밴더빌트(Vanderbilt) 대학의 윌리암 레드포드(Williams Redford) 교수는 『Anger Kills』라는 책에서 분노가 우리를 죽일 수도 있음을 보여 줍니다. 대학을 다닐 때 측정한 분노 지수가 높은 사람들이 그렇지 않은 사람보다 50대가 됐을 때 사망할 확률이 4~7배 높다고 합니다. 분노가 죽음까지 몰고 갈 수 있다는 것이지요. 분노를 조절하는 것은 매우 중요합니다. 분노는 주변 사람들에게 피해를 줄 뿐만 아니라 나 자신에게도 해를 입힙니다. 따라서 어떤 상황에서든지 개인은 자신의 화를 조절할 수 있는 능력을 양성할 필요가 있습니다.

오늘의 강의에서는 우리 마음을 이해하고 다루는 마음공부를 위한 프로그램인 MPPT의 관점에서 화를 이해하고 다루는 방법을 소개하고자 합니다. 참고로 본 강의에서 화와 분노를 같은 의미로 바꿔 가며 사용하겠습니다.

MPPT는 '마음챙김 긍정심리 훈련(Mindfulness & Positive Psychology Training)'의 약자입니다. 한마디로 마음의 특성을 배우고 마음을 다루는 방법을 익히는 자기성장을 통해 행복을 추구하는 마음공부 프로그램입니다. 마음의 특성인 '마음지식'에는 동기상태이론, 구성주의, 정보처리용량제한성, 마음사회이론 등이 포함됩니다. 마음을 다루는 방법인 '마음기술'은 명상, 마음챙김, 긍정심리 등으로 이루어져 있습니다. 오늘은 우리의 관심인 '분노'를 MPPT 관점에서 이해하고 다루는 방법을 알아보겠습니다. 먼저 마음의 각 특성을 통해서 분노를 어떻게 이해하고 다루어야 할지 알아보고, 이어서 각각의 마음기술을 적용하여 분노를 관리하는 방법을 함께 알아보겠습니다.

구성주의: 경험은 나와 환경이 함께 만드는 것

MPPT의 기본 입장은 분노, 화라는 것이 외부에서 주어진 어떤 자극에 의해 단순히 일방적으로 반응하여 나타내는 것이 아니라 만들어진다고 생각합니다. 분노뿐만 아니라 기쁨, 슬픔, 우울, 불안 등 어떤 감정도 내가 관여해서 만들어 낸다고 봅니다. 우리가 일반적으로 스트레스를 받는다고 하는데, 이 말에 동의하지 않습니다. 스트레스는 받은 것이 아니라 내가 개입해서 만드는 것이라는 입장입니다. 이런 입장을 구성주의라고 하는데, 아래의 그림처럼 나타낼 수 있습니다.

우리의 경험은 크게 스트레스와 웰빙으로 나눠 볼 수 있습니다. 불교식으로 말한다면 고(苦)와 락(樂)입니다. 스트레스와 웰빙은 밖의 조건에 의해서만 경험되는 것이 아니라 나와의 상호작용을 통해서 만들어집니다. 이런 입장은 심리학뿐만 아니라 불교에서도 동일하다고 봅니다. 불교를 모르는 분도 일체유심조(一切唯心造)를 알고 있지 않습니까? 모든 것은 마음이 만든다. 그래서 밖조건이 관계하기는 하지만, 불교나 심리학에서는 안조건에 초점을 둡니다. 분명히 밖조건에 의해서 우리 경험이 좌우될 수 있는 부분이 있지만, 상당 부분이 우리 자신의 내적인 마음가짐에 따라서 다르게 경험될 수 있기 때문에 내적인 마음에 초점을 두는 것입니다.

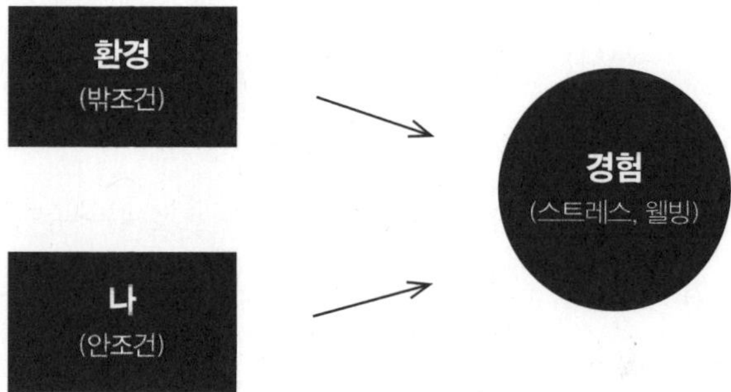

• 안조건: 동기, 인지, 정서, 감각, 행동

그림 1 김정호, 2020, 『마음챙김 긍정심리 훈련(MPPT) 워크북』

정치학자나 사회학자라면 사회구조의 개선에 대해서 관심이 많겠지요. 물론 심리학자라고 해서 사회적 구조의 개선이라는 관점을 가지지 않는 것은 아니지만, 기본적으로 인간 내면의 이해와 변화를 통해 좀 더 행복해질 수 있는 길을 찾습니다. 불행한 사람들, 여러 가지 스트레스나 심리적인 장애로 어려움이 있는 사람들을 심리학자가 도와주려고 할 때 밖조건을 변화시키기보다 주로 내면의 변화에 초점을 둡니다. 왜냐하면 그들이 경험하는 고통에 밖조건도 개입하고 있지만, 그보다 내면의 조건이 크게 작용한다고 보기 때문입니다. 말하자면, 내면을 성찰하고 이해하고 변화시킴으로써 스트레스나 심리적인 장애로부터 벗어나 행복할 수 있도록 돕는 것이 심리학자의 주된 역할이라고 할 수 있습니다.

이와 같은 관점에서 보면 심리학이나 불교나 같은 관점을 갖고 있지 않나 생각합니다. 어떤 의미에서 '불교는 심리학이다'라고 말할 수도 있습니다. 부처님은 어떤 도그마(Dogma)에 바탕을 두고 말하는 것이 아니라 Look-And-See, 와서 봐라, 네가 해봐라, 그렇게 해서 맞으면 네가 실천해라, 이렇게 말합니다. 권위 있는 사람이 했다거나 오래된 전통이기 때문에 따라야 한다는 것이 아니라, 스스로 경험적으로 이해되고 체득되는 부분을 실천하라고 말한 점에서 불교는 일반적인 종교와 다른 것 같습니다. 그런 면에서 '불교는 심리학이다'라는 생각을 갖게 됩니다. 오늘 제가 다루는 부분 역시 불교적 관점으로 볼 수도 있고 심리학적 관점으로 볼 수도 있습니다. 제가 보기에는 두 가지가 크게 다르지 않기 때문에 서로 섞여서 나오지 않을까 합니다.

화는 우리가 경험하는 스트레스와 웰빙, 즉 고와 락으로 구분해 본다면 고라고 할 수 있을 겁니다. 화의 경우도 외부적인 조건(밖조건)과 우리 자신의 내면적인 조건(안조건)이 함께 상호작용하여 만들어집니다. 오늘 강연은 우리의 내면에서 어떤 작용을 통해서 화가 만들어지는가에 초점을 두고, 화를 다스림에 있어서 우리의 내면을 이해하고 변화시키는 데 초점을 두려고 합니다.

오늘 강연의 제목이 '분노는 나의 스승'입니다. 강연 제목도 그렇듯이 불교에는 역설적 표현이 많이 있습니다. 번뇌즉보리(煩惱卽菩提)라는 말도 있지요. 마찬가지로 분노, 화는 우리가 일상생활에서 경험하는 고통스러운 경험이지만, 그것이 오히려 우리 자신을 돌아보게 해 주고 성장하게 해 주기도 합니다. 분노 때문에 우리가 성장할 수 있다고 본다면, 분노는 우리가 거절하거나 회피하거나 혹은 억압하거나 그것으로부터 도망가야 하는 대상이 아니라 우리가 적극적으로 환영해야 할 대상이 아닐까 합니다. 이것을 잘 받아들여서 나를 돌아보고 성장시키는 재료

A

12 B 14

C

그림 2　맥락에 따른 인지의 차이

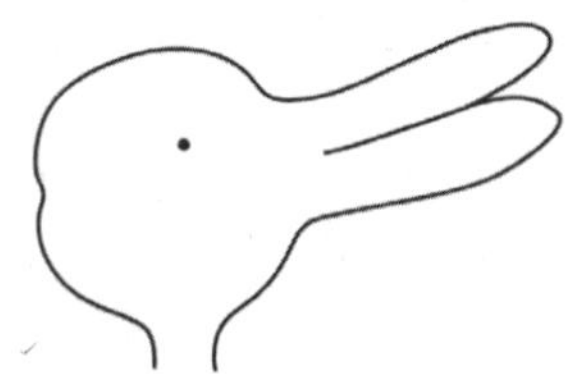

그림 3　오리-토끼

그림 4　젊은 여인-늙은 여인

로 삼아야 한다고 봅니다.

그림 몇 장을 준비했습니다. 〈그림2〉에서 가운데 있는 것이 무엇으로 보이느냐는 보는 관점에 따라 다를 겁니다. 여러분이 가로줄로 보면, 즉 숫자의 관점으로 보면 '13'으로 보입니다. 위에서 아래로 보면, 즉 알파벳의 관점으로 보면 'B'로 보입니다.

〈그림3〉에서도 그림은 하나지만 우리가 볼 수 있는 대상은 적어도 두 개입니다. 어떤 모습으로 보이나요? 오리로 보이나요? 오리로도 보이지만 토끼로도 보입니다. 동일한 그림이지만 여러분이 어떤 맥락, 혹은 관점을 동원하느냐에 따라서 다르게 보일 겁니다. 그림이 어떻게 보이느냐는 그림이라는 밖조건만이 아니라 여러분이 사전에 어떤 경험을 했는가 하는 안조건으로부터도 큰 영향을 받습니다. 태어나서 오리라고 하는 동물을 전혀 본 적이 없다면, 이 그림에서 오리를 볼 수 없을 겁니다. 반대로 살면서 오리는 많이 봤지만 토끼를 전혀 본 적이 없다면, 이 그림에서 토끼를 보기는 어려울 겁니다. 요컨대 하나의 단순한 그림도 우리 내면에 갖춰진 사전 경험에 따라 다르게 경험될 수 있다는 말입니다.

〈그림4〉는 조금 복잡해 보이지만, 적어도 두 가지 모습을 볼 수 있습니다. 어떻게 보이나요? 남자가 보이지는 않지요? 이 그림을 통해서 각기 다른 모습의 여인을 볼 수 있습니다. 하나는

젊은 여인이고 다른 하나는 나이 든 여인입니다. 어떤 분은 이 그림을 놓고 재밌게 시어머니냐 며느리냐, 이렇게 보기도 합니다. 며느리를 볼 수도 있고 시어머니를 볼 수도 있습니다. 둘 다 보이지요? 두 모습이 동시에 보이지는 않습니다. 한 가지 모습을 보고 난 다음 뒤이어서 다른 모습이 보입니다. 제가 젊은 시절에 이 그림을 볼 때는 젊은 아가씨가 먼저 보였습니다. 그런데 나이가 들어서 그런지 요즘은 이 그림을 보면 나이 든 시어머니가 먼저 보입니다. 이상한 것 같습니다. 그래서 나이 하고도 관련이 있나, 나이를 먹으면서 세상을 보는 방식도 달라지나 하는 생각도 하게 됩니다.

심리학에서 이러한 그림의 예를 다루기 이전에, 불교에서는 일수사견(一水四見)이라는 말로 동일한 대상도 그것을 대하는 주체에 따라 다르게 보임을 설명하고 있습니다. 하나의 물이지만 적어도 네 가지 서로 다른 관점에서 바라볼 수 있습니다. 물을 모르는 분은 없지요? 마시기도 하고 수영도 하는 물입니다. 그 물이 천상계(天上界)에 사는 사람에게는 유리같이 보인답니다. 그래서 그 위에서 걸어 다닐 수도 있고 미끄럼을 탈 수도 있다고 합니다. 아귀 아시지요? 배가 남산만 하고 목구멍이 바늘구멍만 한 아귀의 경우에는 물이 피고름으로 보인다고 합니다. 얼마나 고통스러울까요. 물고기한테는 어떻게 보일까요? 물고기한테는 사는 집으로 보인다고 합니다. 늘 자기가 있는 곳이기 때문인가 봅니다. 마치 우리가 공기를 느끼는 것과 같다고 할까요? 우리가 공기 중에 있는 것처럼 물고기는 그렇게 물을 경험할 것 같습니다.

현대과학으로 밝혀진 이야기이지만, 우리가 보는 이 세계는 지극히 우리의 관점에서만 실재라고 할 수 있습니다. 다른 관점에서는 얼마든지 다르게 보이지요. 제가 오래전에 관람한 애니메이션 영화 중에 〈개미(Ants)〉라고 있습니다. 말 그대로 개미가 주인공인 영화인데요. 인상적인 장면이, 하늘에서 비가 내리는데 개미에게는 물 폭탄이 떨어지는 거예요. 똑같이 내리는 비지만 개미는 우리가 경험하는 비와는 전혀 다른 비를 경험하는 겁니다. 매우 작은 생물이 물속에 산다면, 어쩌면 그들에게는 물이 인간이 느끼는 연속된 어떤 실체처럼 느껴지는 게 아닐지도 모릅니다. 어떤 동글동글한 물 분자가 있고, 그 사이의 빈 공간에 자신이 놓여 있는 것으로 경험할 수도 있습니다.

현대과학에서 보면 물질은 분자로 되어 있고, 분자는 브라운 운동(Brownian Motion, 액체나 기체 등에 존재하는 거대한 입자가 끊임없이 불규칙적으로 움직이는 현상)을 합니다. 분자는 다시 원자로 구성되어 있고, 원자는 원자핵과 전자로 구성돼 있습니다. 원자는 매우 작은데, 그 원자핵과 전자는 가까이 있지 않고 매우 멀리 떨어져 있습니다. 이곳 강의장인 종로에 원자핵이 있고 그 크기가 콩알만 하다고 하면, 전자는 아마 잠실쯤에 있을 겁니다. 말하자면 원자는 하나의 빈 공간으로 되어 있다는 것이지요. 여기에 있는 나무나 제 몸, 벽 등은 분명한 형태를 가지고 있고 각각은 틈이 없는 물질로 채워져 있는 것으로 보입니다. 그러나 실제로는 기본 구성 물질이 원자이므로 고배율 현미경으로 본다면 거의 빈 공간으로 구성되어 있다는 얘기입니다. 다만 우리가 과학적으로 이렇게 배워도 경험적으로는 그렇게 체험하지 못합니다.

다시 말해서 우리가 경험하는 모든 것은 우리가 보는 방식에 의해서 결정됩니다. 보이는 것, 들리는 것 등 모든 것이 마찬가지입니다. 어떤 사건의 의미적인 처리도 그러합니다. 우리가 처리하는 방식에 따라 경험되는 의미가 달라집니다. 이러한 의미적 처리가 화를 포함해서 다양한 감정을 만들어 내는 것이지요. MPPT는 이러한 구성주의를 중요한 마음의 작용 기제로 보고, 내 경험을 더 이상 밖조건에 일방적으로 맡기지 않고 안조건인 마음을 이해하고 다루는 마음공부를 통해 스스로 내 경험의 주체가 되도록 도와줍니다. 그런 관점에서 보면 화 역시, 화가 만들어지는 원인을 내 안에서 찾아보고 다루는 방법을 익히는 것이 중요합니다.

동기상태이론: 동기가 없으면 고통도 즐거움도 없다

스트레스	웰빙
동기좌절 동기좌절예상	동기충족 동기충족예상

표1 동기상태이론의 스트레스와 웰빙의 정의

〈표1〉은 MPPT에서 강조하는 스트레스와 웰빙을 이해하는 틀입니다. 동기상태이론이라고 부르지요. 여기서는 우리가 경험하는 스트레스나 웰빙을 동기의 상태로 정의합니다. 스트레스와 웰빙에 대한 정의는 학자마다 매우 다릅니다. 학자가 100명이 있다면, 이에 대한 정의는 120개 정도가 있을 만큼 학자마다 정의하는 방식이 다릅니다. 저는 이렇게 정의 내립니다. '스트레스와 웰빙은 모두 동기의 상태다.'

동기상태이론으로 보면, 동기는 일반적으로 욕구라고 말할 수 있는데 욕구가 없으면 스트레스도 없습니다. 불교적 용어로 표현하면, 욕구가 없으면 고(苦)도 없습니다. 만약 여러분이 스트레스나 고통을 경험하고 싶지 않다면 욕구를 없애면 됩니다. 그런데 하나의 딜레마가 있습니다. 욕구를 없애게 되면 여러분은 웰빙도 잃어 버리게 됩니다. 웰빙은 동기충족과 동기충족예상이고, 스트레스는 동기좌절과 동기좌절예상입니다. 그러니까 욕구를 줄이면 고를 없앨 수 있지만 락(樂)도 포기해야 한다는 겁니다. 진퇴양난이지요. 어떻게 해야 될까요? 다행스러운 것은 우리 내면에는 하나의 동기가 아니라 매우 많은 동기가 있다는 사실입니다.

스스로를 잠깐만 돌아봐도 우리의 마음이 많은 욕구로 채워져 있다는 것을 알 수 있습니다. 개인의 욕구, 가족에게 바라는 욕구, 사회에 바라는 욕구, 직장 상사에게 바라는 욕구, 자신의 미래에 대한 욕구 등 여러 가지가 있습니다. 이렇듯 우리 마음 안에 여러 가지 욕구가 있기 때문에 내 안의 욕구를 잘 이해하고 버릴 것과 살릴 것을 잘 선별할 수 있으면 스트레스를 줄이고 웰빙을 늘리는 데 도움이 됩니다. 욕구 중에서 어리석거나 불건강한 욕구가 있으면, 그것을 가급적 제거하거나 제거가 안 되더라도 가능한 한 약화시킵니다. 대신에 내 인생에 있어서 중요한 동기가 무엇인지, 가치 있는 동기가 무엇인지, 더 의미 있고 아름다우며 건강한 동기가 무엇인지를 잘 이해해서 그것에 전력투구합니다. 이런 과정이 우리의 삶을 좀 더 아름답게 만들 수 있습니다.

요컨대 스트레스와 웰빙은 욕구 혹은 동기로 인해 만들어지는 것이고, 동기의 상태가 바로 스트레스와 웰빙입니다. 감정이라는 것도 이러한 관점에서 보면 우리의 동기 상태라고 말할 수 있습니다. 여러분이 느끼는 정서 상태, 즉 감정이라는 것은 바로 여러분의 욕구가 어떤 상태에 있는지를 보여 준다고 보면 됩니다. 감정은 욕구의 상태를 나타내는 바로미터입니다.

예를 들어 동기가 좌절되었을 때 느낄 수 있는 대표적인 정서로 두 가지가 있습니다. 세부적으로 더 다양하게 나눌 수 있지만, 오늘은 간단하게 두 가지로만 정리합니다. 두 가지 정서 중 하나가 오늘의 주제인 화, 즉 분노이고, 또 하나는 우울입니다. 여기서 동기좌절에 대한 우리의 사고방식이 중요한 역할을 합니다. 우리가 어떤 동기좌절을 경험할 때 그것을 외부적인 상황이나 혹은 다른 사람 때문이라고 여기면, 한마디로 남 탓을 하게 되면 분노를 경험하게 됩니다. 내가 먹으려고 하는 아이스크림을 누가 뺏어 간다면 어떻겠습니까? 상대에게 화가 나겠지요. 이러한 화는 동기좌절의 원인을 상대한테 돌릴 때 경험하게 되는 것입니다. 한편 그 동기좌절을 내 탓이라고 보게 되면 우울을 경험하게 됩니다. 나 때문이라는 것이지요. 내가 얼마나 모자라고 어리석고 덜 떨어졌으면 아이스크림을 빼앗기나, 이렇게 자기 탓을 하게 되면 우울해지는 겁니다.

화를 경험할 때는 내 안의 어떤 욕구가 좌절되었는지 돌아보는 자세가 필요합니다. 무엇보다 화를 낼 만큼 중요한 욕구인지에 대해 검토하는 것이 중요합니다. 또 내가 화의 원인을 어디에, 누구에게 귀인하고 있는지, 그리고 그것은 타당한지 찬찬히 숙고하는 것이 화를 이해하고 다루는 데 도움이 됩니다.

정보처리용량제한성: 나의 판단은 공정하기 어렵다

내가 경험을 한다는 것은 주의를 사용하는 것이고, 주의는 정신 자원의 배분을 뜻합니다. 우리가 한 번에 사용할 수 있는 정신 자원의 양은 제한되어 있습니다. 여러분에게 숫자를 불러 주고 따라 해 보라고 했을 때 일곱 개가 넘어가면 어려움을 느낄 겁니다. 일반적으로 우리의 작업기억(Working Memory) 용량은 7±2개라고 합니다. 우리 마음의 크기는 거의 무한정하다고 할 수 있어서 일생의 기억을 다 담을 수 있지만, 마음의 무대라고 할 수 있는 의식 공간, 즉 작업기억은 적은 양만을 담을 수 있습니다. 이러한 마음의 특성을 '정보처리용량제한성'이라는 용어로 표현합니다.

정보처리용량제한성으로 인해 우리의 주의는 선택적일 수밖에 없습니다. 주변의 자극 중에서 일부만 처리할 수 있고, 마음에 담긴 기억 중 일부만을 활성화할 수 있지요. 또한 주의의 선택을 효율적으로 하기 위해 일반적으로 우리는 맥락 의존적 기억의 기제를 가지고 있습니다. 수많은 경험 중 맥락과 관련된 것을 인출하는 것이 효율적인 정보 처리를 보장할 겁니다. 예를 들어 특정한 장소에서 기억한 것은 그 장소, 혹은 그와 유사한 곳에서 더 잘 인출이 됩니다. 특정한 형태의 장소에서 죽을 뻔했거나 먹이를 많이 발견했다면, 그런 장소와 유사한 곳에서 그것과 관련된 기억이 인출되는 것이 생존에 매우 중요할 테니까요. 평소에는 잊고 있던 어린 시절의 추억이 고향을 방문하면 물밀듯이 떠오르는 것도 맥락 의존적 기억의 현상입니다.

특정 장소라는 외부 맥락 외에도 내부 맥락 역시 기억의 인출에 영향을 줍니다. 이것을 특별히 '기분일치성효과(Mood Congruity Effect)'라고 부릅니다. 예를 들어 우울할 때는 우울과 관련된 기억이 잘 떠오릅니다. 그러면 더욱 우울해지고, 결과적으로 우울한 기억이 더 잘 떠오르면서 우울이 더욱 심해질 수 있습니다. 화의 경우에도 마찬가지입니다. 남편과 말다툼을 해서 화가 나면, 남편과의 수많은 기억 중 화와 관련된 기억이 샘솟듯이 떠오르고 결과적으로 더욱 화가 나게 됩니다. 우리말에 '생각할수록 화가 난다'는 말이 있지요. 기분이 좋은 경우에도 마찬가지의 기제에 의해 더 기분이 좋아지게 됩니다.

이것은 정보처리용량제한성 속에서 맥락에 맞는 정보 처리를 위해 진화적으로 발전한 기억의 기제이지만, 부정적인 측면이 있다는 점을 잊지 말아야 합니다. 특히 감정이 강하게 일어난 상태에서 누군가에 대해, 혹은 어떤 사건에 대한 판단할 때 정보처리용량제한성과 기분일치성효과를 유념하는 것이 좋습니다. 우리의 의식 공간이 작기 때문에 특정한 감정 상태에서는 그 감정과 일치하는 것만을 기억하고 생각하게 되므로 공정한 판단을 하는 것이 어렵기 때문입니다. 예를 들어 남편과 부부싸움을 할 때 가급적 판단을 하지 않는 것이 좋습니다. 화가 날 때는 남편과 관련된 좋은 기억이 모두 마음 한편에서 잠자고 있고, 부정적인 기억만 또렷하게 깨어 마음의 무대에 소환되기 때문이지요. 남편에 대해 결코 공정한 정보 처리를 할 수 없습니다.

분노를 포함해서 나의 마음이 부정적인 감정 상태인 경우에는 가급적 판단을 유보하고 먼저 마음을 평상심으로 돌리는 것이 필요합니다. 상황이나 누군가에 대한 판단은 그다음에 해도 늦지 않습니다.

마음사회이론: 내 마음은 사회다

나를 이해함에 있어서, 먼저 나의 마음이 하나의 단일한 존재가 아니라 여럿의 나로 구성되어 있다고 보는 것이 좋습니다. 말하자면 내 마음을 여러 '나'들이 사는 하나의 사회라고 보는 겁니다. MPPT에서는 이것을 '마음사회이론'이라고 해서 마음의 중요한 특징으로 강조합니다.

각각의 '나'는 독특한 '동기-인지-감정-감각-행동'의 패턴을 갖는 독립된 인격이라고 할 수 있습니다. 정보처리용량제한성에서 언급했듯이, 마음은 무한할 정도로 크지만 의식 공간인 마음의 무대는 상당히 작습니다. 그래서 마음사회에 매우 많은 '나'들이 살지만 마음의 무대에 올라올 수 있는 '나'는 소수입니다. 상황에 따라 마음무대에 올라오는 '나'가 달라지기도 하지만, 개인의 특성에 따라 마음무대에 자주 올라오는 '나'의 유형이 다릅니다. 마음사회에는 편안한 '나'도 살고 불안한 '나'도 사는데, 마음무대에 불안한 '나'가 올라올 때도 있고 편안한 '나'가 올라올 때도 있습니다. 각각은 서로 다른 '동기-인지-감정-감각-행동'의 패턴을 보입니다. 마음사회에는 관대한 '나'와 옹졸한 '나'도 삽니다. 이들도 서로 다른 '동기-인지-감정-감각-행동'의 패턴을 갖습니다. 이 밖에도 수많은 '나'들이 마음사회에 삽니다. 각각의 '나'가 마음무대를 장악하고 있을 때 심리검사를 실시한다면 다른 결과를 보일 겁니다. 각각의 '나'는 자기 자신과 세계를 바라보는 눈이 다르기 때문이지요.

마음사회이론은 제가 이해하는 불교적 관점으로 봐도 그

렇고, 심리학자로서 봐도 그렇고, 이러한 관점이 타당할 뿐만 아니라 유용하다고 생각합니다. 나를 여러 '나'들로 구성되어 있는 집합체라고 보는 것이 나를 건강하게 이해하게 해 주고 건강한 생활로 이끌어 줍니다.

이런 관점을 갖게 되면 내 안의 여러 가지 대립적인 마음을 있는 그대로 이해하고 서로 간의 소통을 도울 수 있습니다. 사람들 간의 소통, 즉 개인 간 소통(Inter-Personal Communication)에서 상호존중과 경청이 중요한 것처럼 내 안의 '나'들 간의 소통, 즉 개인 내 소통(Intra-Personal Communication)에서도 서로 다른 마음을 존중하고 귀담아듣는 자세가 중요합니다. 한 사회가 건강하기 위해서 구성원의 서로 다른 욕구와 관점을 이해하고 조정하는 것처럼, 내가 건강하기 위해서는 내 마음 안의 여러 '나'들의 서로 다른 욕구와 관점을 이해하고 조정하는 것이 필요합니다.

내 마음을 다양한 '나'들이 사는 사회로 보면 열등감, 낮은 자존감, 죄의식 등의 문제에서 벗어날 수 있습니다. 내 마음사회에 사는 여러 '나'들 중에 이상적인 '나'가 볼 때 부족하고 못났고 창피하고 부도덕한 '나'도 있을 수 있습니다. 그 '나'도 내 마음사회에 사는 1/N의 '나'로 인정해 주는 것이 필요합니다. 그렇지 않으면 그 '나'는 마음사회 어느 구석에서인가 울고 있을지 모릅니다. 나름대로 열심히 바르게 사는데 행복하지 않고 우울하다면 자신의 마음을 들여다보기 바랍니다. 못난 '나'가 있다면 보듬어 주고 보살펴 주어야지 야단치거나 '나'가 아니라고 부정하면 안 됩니다. 또 억압받는 어떤 '나'는 마음사회 어딘가에서 복수의 칼을 갈고 있을지도 모릅니다. 어느 날 이상적인 '나'의 힘이 잠시 약해졌을 때, 내 몸을 장악하고 나중에 후회하게 될 비윤리적이거나 파괴적인 행동을 일으킬지도 모릅니다. 내 안의 나와 해원(解冤)해야 상생(相生)할 수 있습니다.

이렇게 보면 내 마음을 잘 이해하고 관리하는 것은 일종의 정치를 잘하는 것과 같다고 하겠습니다. 민주적인 리더가 사회 구성원의 목소리에 귀를 기울이고 합의를 도출하며 사회 전체를 잘 이끌어 가듯이, 내 마음사회 역시 민주적으로 각 '나'들의 이야기를 경청하고 설득하여 조화롭게 운용하는 것이 필요합니다. 마음사회이론은 나의 마음을 더 잘 이해하고 다루는 데 매우 유익합니다.

마음사회이론의 이해에서 또 하나 중요한 것은 나만이 아니라 다른 사람의 마음 역시 여러 '나'들이 사는 사회라는 점을 인식하는 것입니다. 사람들과의 상호작용에서 마음사회이론을 적용하게 되면 서로에 대한 이해를 높일 수 있습니다. 나 자신뿐만 아니라 상대도 한두 가지 사례로 어떤 사람이라고 일방적으로 규정짓지 않을 겁니다. 설사 상대가 나에게 부정적인 행동을 보였다고 해도, 여전히 그 행동 뒤에 그 사람의 긍정적인 '나'가 있다는 것을 잊지 않는다면 그 사람과의 관계가 쉽게 훼손되지 않을 겁니다. 배우자가 미운 행동을 했을 때 상대의 마음에 나를 미워하는 '나'가 있을 수 있음을 인정하면, 아내 혹은 남편의 마음에 여전히 나를 사랑하는 '나'가 있음이 자연스럽게 인식됩니다. 오히려 지금 나는 왜 배우자의 마음무대에 나를 미워하는 배우자의 '나'가 올라오게 만들었는지, 스스로를 돌아보는 여유도 가질 수 있게 됩니다. 이와 같이 마음사회이론을 이해하면 자기 자신뿐만 아니라 사람들 간의 관계에서 상대를 이해하는 폭이 더 넓어집니다. 자연히 우울의 경우처럼 나에게 화를 내거나, 분노의 경우처럼 상대에게 화를 내는 일이 줄어들겠지요.

상의(上醫)

분노 관리는 세 단계로 나누어 생각해 볼 수 있습니다. 첫째는 분노의 구성 단계에서의 관리, 즉 분노가 형성되는 단계에서의 관리입니다. 둘째는 이미 형성된 분노의 관리입니다. 셋째는 아직 분노가 형성되기 전 단계의 관리로 분노 예방이라고 할 수 있습니다. 이 중에 제일 좋은 것은 예방입니다. 질병의 경우도 이미 발생한 병을 치료하는 것보다 발생하기 전에 치료하는 것이 더 좋겠지요.

동양에는 예부터 하의(下醫), 중의(中醫), 상의(上醫)라는 개념이 있습니다. 하의는 이미 발생한 질병을 치료하는 의술, 의사를 말합니다(下醫治已病, 하의치이병). 이제 막 발생하는 질병을 치료하는 의사, 의술은 중의입니다(中醫治欲病, 중의치욕병). 상의는 아직 발생하지 않은 병을 치료하는 의술, 의사로 최고의 의술, 최고의 의사라고 부릅니다(上醫治未病, 상의치미병).

이렇게 보면 병원에 있는 의사만이 아니라 인생의 멘토 역할을 해 주는 사람들 역시 좋은 의사라고 할 수 있습니다. 현대인이 많이 앓는 질병이 마음 관리, 행동 습관 등에서 오기 때문에 마음을 다스리고 바르게 행동하도록 돕는 사람이야말로 아직 발생하지 않은 병을 치료하는 의사라고 하겠습니다. 더 나아가 우리 모두가 자신의 마음을 잘 이해하고 관리하는 마음지식과 마음기술을 배우고 적용한다면, 스스로가 자신을 위한 상의가 될 수 있습니다. MPPT는 스스로 마음공부를 통해 자기 자신의 상의가 될 수 있도록 합니다.

아래에 분노 관리를 위해 소개하는 MPPT의 마음기술은 단지 분노만이 아니라 우울, 불안 등 우리가 생활 속에서 경험할 수 있는 부정적인 정서를 관리하는 데 도움이 되는 방법들입니다. 각 관리법을 꾸준히 실천하면 예방의 효과가 있으며, 부정정서를 경험할 때 이를 다스리는 방법으로도 사용할 수 있습니다.

마음기술의 개요

MPPT에서는 마음을 다루는 마음기술을 크게 명상, 마음챙김, 긍정심리 세 가지로 나눕니다. 간단하게 구분하면 명상, 마음챙김, 긍정심리는 각각 마음을 '쉰다', '본다', '쓴다'의 마음기술입니다. 더 정확하게 표현하면 마음챙김은 마음 전반을 있는 그대로 바라보는 능력이고, 명상과 긍정심리는 각각 욕구와 생각을 쉬는 능력이고, 쓰는 능력이지요. 이것을 그림으로 나타내면 다

MPPT 마음기술(마음수행법)의 유형: 3가지 기본 유형

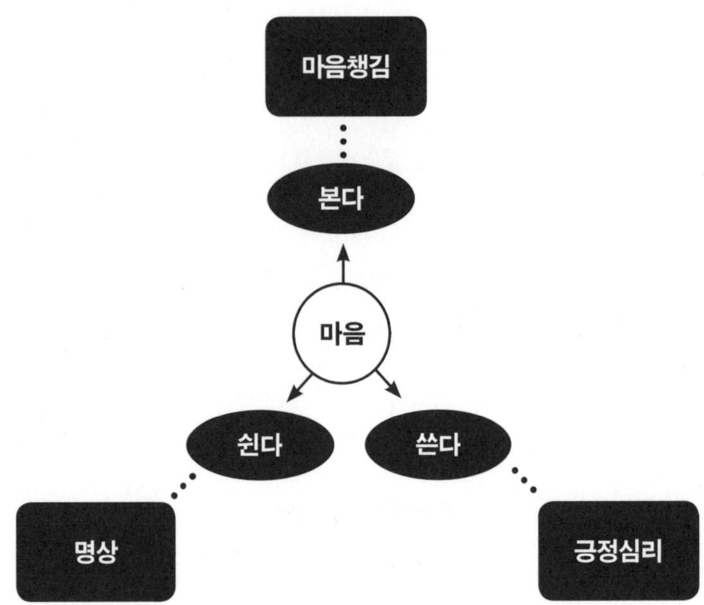

그림 5 김정호, 2020, 『마음챙김 긍정심리 훈련(MPPT) 워크북』

음과 같습니다. 많은 경우 스트레스는 밖조건 자체보다도 안조건인 욕구와 생각이 개입해서 만들어집니다. 기본적으로 욕구가 없다면 스트레스는 없습니다. 또 주어진 밖조건에 대한 해석에 따라 욕구의 상태가 좌절인지 충족인지, 혹은 좌절예상인지 충족예상인지 결정되는 경우가 대부분입니다. 내가 분노를 경험할 때 어떤 욕구, 생각 등이 개입하고 있는지 있는 그대로 볼 수 있는 능력이 있을 때 욕구, 생각을 다룰 수 있고 결과적으로 화를 다스릴 수 있습니다. 또 욕구와 생각을 쉴 줄 아는 능력이 있을 때 마음의 평화를 얻을 수 있으며, 분노와 관련된 욕구와 생각을 다른 건강한 욕구와 생각으로 바꿔 쓸 수 있는 능력이 있을 때 분노를 다스릴 수 있습니다. 이제 각 마음기술을 자세히 알아보고 분노의 관리에 적용해 보도록 하겠습니다.

명상: 마음 쉬기

우리 속담에 '쌀독에서 인심난다' 혹은 '곳간에서 인심난다'는 말이 있습니다. 내 마음이 여유가 있으면 밖에서 어떤 일이 있어도 부드럽게 대할 수 있지요. 로또 복권에 당첨된 것을 안 순간 옆에 있던 사람이 발을 밟았다고 가정해 봅시다. 그 사람에게 화를 낼까요? 아닐 겁니다. 그냥 그럴 수도 있는 일이지요. 별일 아닙니다. 상대에게 기분 좋게 웃으며 괜찮다고 할 겁니다. 그런데 만약 집에서 아내와 부부싸움을 하고 나온 출근길 전철에서 발을 밟혔다면 어떨까요? 아마도 점잖은 체면에 큰소리로 욕을 하지는 않겠지만, 매서운 눈으로 한 번쯤 째려보게 되겠지요.

평소 마음의 곳간을 채워주는 데 명상만큼 좋은 것도 없을 겁니다. 아무런 도구도 필요하지 않고 돈도 들지 않습니다. 언제 어디서나 할 수 있습니다. 그저 '쉰다'는 마음으로 주변의 감각에 마음을 열면 됩니다. 앞에서 마음지식을 설명할 때 다룬 '정보처리용량제한성' 때문에 우리 의식 공간인 마음무대에는 여러 정보 단위가 올라올 수 없습니다. 가만히 경험할 수 있는 감각에 마음의 문을 열고 감각을 받아들입니다. 언제 어디서나 자신이 있는 곳에서 경험할 수 있는 시각, 청각, 후각, 미각, 촉각의 감각을 음미하듯 가만히 느껴 봅니다. 자신의 마음무대를 경험할 수 있는 감각들로 채워줍니다. 자연스럽게 욕구와 생각이 물러나고 감각들이 의식 공간을 채우게 됩니다.

아래의 그림을 보면 이해에 도움이 될 겁니다. 참고로 욕구나 생각은 일으키지 않으려고 하면 할수록 더욱 강해지는 속성이 있습니다. 예를 들어 볼까요? 지금부터 하얀 북극곰을 단 30초만 생각하지 말아 보세요. 아마 대부분 사람이 실패할 겁니다. 그러나 그저 감각에 주의를 보내면 감각으로 의식 공간을 채울

생각과 감각의 제로섬(Zero-Sum) 관계

그림 6 김정호, 2014, 2020

수 있고 욕구와 생각은 자연스럽게 물러나게 됩니다.

주변의 환경에서 경험할 수 있는 모든 감각에 주의를 보내는 방법을 오감 명상이라고 하는데, 그중 가만히 있는 것이 아니라 행위를 하면서 경험할 수 있는 감각에 마음의 문을 여는 것을 행위 명상이라고 합니다. 면도, 세수, 요리, 먹기, 마시기, 이 닦기, 설거지, 청소, 걷기, 운전, 샤워 등 매일 반복하는 일상의 행위를 할 때 가만히 음미하듯 느낄 수 있는 감각에 주의를 보내면 마음이 편안해집니다.

자기 몸의 감각에 주의를 보내는 몸 명상도 좋은 명상법 중 하나입니다. 가만히 자신의 몸에서 느낄 수 있는 감각을 온전히 느껴 봅니다. 머리끝에서 발끝까지 몸의 한 부위 한 부위에 마치 경청하듯이 마음의 귀를 기울여 보면 몸에서 감각을 느낄 수 있습니다. 몸의 감각이 의식 공간을 채울 때 역시 욕구와 생각이 내려놓아지고 마음이 평화로워집니다. 때로는 얼굴만, 혹은 손이나 발에만 주의를 보내는 부분 몸 명상을 해 보는 것도 괜찮습니다.

명상에서 많이 이용하는 감각으로 호흡 감각을 들 수 있습니다. 살아 있는 사람은 늘 숨을 쉽니다. 가만히 들어오는 숨과 나가는 숨의 감각을 코끝, 혹은 가슴이나 배의 몸통 부위에서 느껴 보는 겁니다. 이렇게 호흡 감각에 주의를 보내는 것을 호흡 명상이라고 합니다. 호흡 감각도 몸 감각의 일부이므로 몸 명상의 일부로 볼 수도 있고, 호흡은 몸이 숨 쉬는 행동이므로 행위 명상의 일부로 볼 수도 있습니다.

평소 틈틈이 명상을 해서 마음의 곳간을 채우면 기분 좋은 편안함을 느낄 수 있습니다. 머리를 많이 쓰는 현대인에게 좋은 휴식이지요. 명상은 우리 마음에 평화와 행복을 가져다줍니다. 평소 우리 마음의 곳간에 평화와 행복을 채워 두면 바깥에서 오는 웬만한 일에는 쉽게 분노하지 않게 됩니다. 성공만이 아니라 행복을 위해서도 투자하는 것이 좋습니다. 심리학 연구에 따르면 성공하면 행복해지는 것이 아니라 행복하면 성공하게 됩니다.

화가 일어난 상황에서 화의 마음을 다스려 평상심을 찾는 데도 명상이 도움이 됩니다. 예를 들어 카페 점원이 불친절해서 화가 일어난다면, 그때 그곳에서 경험할 수 있는 감각들에 주의를 보내 봅니다. 카페 바닥의 모양, 색깔, 무늬, 귀에 들리는 음악 소리나 사람들이 대화 나누는 소리, 커피의 향, 발바닥에서 전해지는 감각 등 '지금-여기'에서 경험할 수 있는 감각에 마음의 문을 열고 의식 공간이 감각으로 채워질 수 있도록 하는 겁니다. 어느덧 화가 많이 내려가 있음을 발견하게 될 겁니다. 물론 호흡에 가만히 주의를 두며 호흡 감각으로 마음의 무대를 채워도 좋습니다.

차차 명상이 익숙해지면 뒤에 다루는 마음챙김을 함께하는 마음챙김 명상을 익히면 좋습니다. 그러면 마음사회이론으로 볼 때 자신의 가장 기본이 되는 '나'인 고요한 나, 즉 '영점-나'를 자각하게 됩니다. 꾸준히 마음챙김 명상을 하며 '영점-나'와 친숙해집니다. 마음사회에 '영점-나'가 기본이 되는 '나'로 자리 잡으면 외부적인 것에 흔들리는 일이 줄어들게 됩니다.

마음챙김: 마음을 있는 그대로 바라보기

마음챙김은 팔리어 사띠(Sati)의 번역어로 불교에 기반을 둔 수행법입니다. 최근 마음챙김 수행은 종교를 떠나 여러 사람에게 사랑받는 수행법이 됐습니다. 불교에서는 자심반조(自心返照), 섭심반조(攝心返照) 등의 말로 표현하기도 합니다. 한마디로 자신을 돌아보는 것이지요.

우리는 늘 밖을 보는 데 익숙합니다. 예를 들어 지하철을 타고 가는데 군복을 입은 젊은 사람이 배가 불룩 나온 것을 보고 '군인이 배가 많이 나왔네?'라는 생각을 합니다. 그때 '내가 그런 생각을 하는구나' 하고 자신의 마음을 보는 사람은 많지 않습니다. 항상 밖을 보지요. TV를 보면서 '여자 탤런트 얼굴이 바뀐 것 같은데? 성형한 것 같아. 어디서 성형했지?' 이렇게 속으로 생각하고 있는 나를 봤다면 마음챙김을 한 겁니다. 하지만 일반적으로는 밖을 봅니다. '저 탤런트 나이가 많은데 얼굴이 탱탱하네. 보톡스 맞았나?' 그런 생각을 하지요. 내가 그런 생각을 하고 있음을 보는 사람은 거의 없습니다.

마음챙김은 간단합니다. 나를, 내 마음을 돌아보는 것입니다. 내가 무엇을 하고 있고 무엇을 느끼고 있는지를 돌아보는 것이지요. 나의 객관화입니다. 내 마음에 화가 일어날 때 그 화를 볼 수 있어야 합니다. 화'에서' 상대나 상황을 보는 것이 아니라 내 마음의 화'를' 보는 겁니다. 그것도 있는 그대로 보아야 합니다. 그것이 화에 대한 마음챙김입니다. 이것을 이해하기는 쉬워도 실천하기는 매우 어렵습니다. 화가 일어나려고 하는 그 순간 나를 볼 수 있을까요? 어렵습니다. 그러나 볼 수 있다면 화를 통제할 수 있게 됩니다. 내가 그러는 줄 모르기 때문에 나중에 후회하는 행동을 하는 경우가 얼마나 많습니까? 자신을 볼 수 있으면 경험과 그 경험에 대한 반응 사이에 공간이 생기게 됩니다. 자유의 공간이지요. 화를 내거나 내지 않는, 혹은 화를 내더라도 언제 어떻게 낼지를 선택할 수 있는 자유의 공간을 얻게 되는 겁니다.

마음챙김을 통해 화를 알아차림으로써 현명한 행동을 할 수 있을 뿐만 아니라, 화를 있는 그대로 바라봄으로써 화 자체와 다른 관계를 맺을 수 있게 됩니다. 그전에는 화에 휘둘려서 나중에 후회할 행동을 하거나 화를 지나치게 억압하여 또 다른 문제를 만들었다면, 마음챙김은 제3의 길을 제공합니다. 마음챙김은 화를 폭발하거나 억누르는 것이 아니라 단지 있는 그대로 바라보는 것입니다. 먼저 화라는 감정을 경험하고 있음을 알아차립니다. 이어서 화가 어디 있는지 찾아봅니다. 화가 있기 때문에 화를 느끼는 것 아니겠습니까? 화를 찾게 되면 몸에서 화를 느낄 수 있습니다. 머리에서의 열, 어깨의 딱딱해짐, 주먹에 힘이 들어감, 심장이 빨리 뜀, 호흡이 가빠짐 등 몸에서의 반응과 그 감각으로 분노를 느낄 수 있습니다.

또한 이때 마음에서 오고 가는 생각들이 어떤 것들인지 있는 그대로 살펴봅니다. 누군가에 대해 어떤 비난을 하고 있는지 알아차릴 수 있을 겁니다. 어떤 행동을 하고 싶은지 욕구도 들여다봅니다. 아울러 화가 어떤 욕구의 좌절로 일어났는지도 살펴봅니다. 마치 제3자를 바라보듯 나를 바라봅니다. 물론 쉽지는 않습니다. 특정한 조건에 대해 특정한 반응이 습관적으로 연결되어 있기 때문에 가만히 지켜보는 것이 어려울 수 있습니다. 꾸준한 연습을 통해 습관적 반응으로 나가지 않고, 지속적인 바라봄으로써 기존의 조건과 반응을 해체할 수 있습니다.

마음챙김은 힘이고 기술이기 때문에 처음부터 마음챙김이

잘 작용하지는 않습니다. 화가 날 때 놓치는 경우도 많고, 화를 보기는 봤지만 이미 화가 많이 난 상태에서 보기도 합니다. 그러나 꾸준히 생활 속에서 마음챙김을 연습하면 화가 나려는 초기에 알아차릴 수 있습니다. 그때는 화가 충분히 커지지 않은 상태기 때문에 한 번 바라보는 것만으로도 더 이상 화가 커지지 못하고 스르륵 소멸하기도 합니다. 마치 길거리의 두더지 잡기 게임처럼 두더지가 다 올라온 다음에는 뿅망치로 때려도 내려가지 않지만 막 올라오려고 할 때 뿅망치로 두드리면 쏙 내려가는 것과 비슷합니다. 마음챙김을 통해 한 번 두 번 화를 다스리는 데 성공 경험을 하게 되면, 그 성공 경험이 강화(보상)가 되어 자꾸 더 실천하게 되고, 선순환에 의해 마음챙김의 힘과 기술이 더 발전하고 화에 대한 통제력이 커지게 됩니다.

화의 폐해를 잘 인식하고 스스로 다스리고자 하는 동기를 분명히 확립합니다. 어떤 상황 또는 누군가와의 관계에서 반복적으로 화를 경험하고 후회되는 행동을 하게 된다면, 그러한 상황이나 상대를 만날 때 특별히 분노 마음챙김의 레이더를 켭니다. 육아 스트레스로 아이에게 분노를 폭발하고 후회하는 행동을 반복하고 있다면, 아이와 함께 있는 상황에서는 다른 건 몰라도 분노에 대한 감수성을 높입니다. 마치 적기 출현을 탐지하기 위해 레이더를 지켜보는 레이더병처럼 언제 분노가 나타나는지 예의주시합니다. 분노가 나타나려고 하는 순간 포착하게 되면 분노가 쉽게 사라지는 것을 관찰하게 될 겁니다.

참고로 30년 넘게 담배를 피우다가 마음챙김으로 일주일 만에 담배를 끊은 지인이 있습니다. 그분은 일주일 동안 흡연 욕구 마음챙김의 레이더를 켜고 살았습니다. 특히 아침에 일어났을 때 흡연 욕구가 크다는 것을 알기 때문에, 아침에 눈을 뜨면 흡연 욕구가 어떻게 일어나는지 예의주시하며 면밀하게 지켜봤습니다. 흡연 욕구가 막 올라오려고 할 때 그 욕구를 지켜봄으로써 그 순간 흡연 욕구가 떨어지는 경험을 하게 되었고, 그런 성공 경험이 가져다주는 자존감 상승과 자기효능감 상승이 마음챙김의 동기를 더욱 강하게 세워주어서 30년 넘게 피운 담배를 쉽게 끊을 수 있었던 것입니다.

긍정심리: 마음 쓰기

20세기 후반에 긍정심리학이 등장하면서 그전의 심리학과 달리 인간의 잠재력 개화를 심리학의 목표로 삼았습니다. 특히 심리치료는 증상이 있는 마이너스(-) 상태를 단지 증상이 없는 제로(0) 상태로 만드는 것이 아니라, 심리적으로 건강한 플러스(+) 상태로 만드는 것을 목표로 합니다. MPPT 역시 이러한 긍정심리학의 입장을 수용하며 자기성장에 초점을 둡니다. 스트레스나 증상을 제거하는 것보다 내면의 건강한 동기를 발굴 또는 확립하고 실현함으로써 웰빙을 만들어 내는 것을 중시합니다. 이러한 과정을 통해 자신의 동기·인지·정서·감각·행동 등에 대한 이해가 깊어지고, 이것들을 다루는 능력을 양성함으로써 잠재력이 개화되는 것입니다. 아래에서 MPPT가 제공하는 긍정심리의 마음기술이 분노 관리에 어떻게 적용되는지 살펴보도록 하겠습니다.

(1) 웰빙행동

웰빙행동은 웰빙(동기충족, 동기충족예상)의 상태를 만드는 행동입니다. 평소 나에게 즐거움, 행복, 재미, 편안함 등의 긍정정서를 많이 주는 것이 분노를 예방하는 데 도움을 줍니다. 이런저런 화를 경험하면서도 그냥 억누르고 지내다 보면 마음속에 계속 화가 쌓이다가 조그만 단서만 주어져도 화가 폭발하게 됩니다. 그런데 반대로 내 마음속에 즐거움, 편안함, 행복 등이 충만하면 웬만한 일로는 화가 나지 않습니다. 앞에서 명상을 설명할 때 '곳간에서 인심난다'는 말을 했었지요? 평소 자신에게 긍정정서를 많이 경험하게 해 주는 것이 중요합니다.

자기가 좋아하는 취미 활동을 하는 것도 좋은 웰빙행동에 속합니다. 현대인들은 무한경쟁 시대에 살고 있기 때문에 어떻게 해서든 자기 계발을 위해 노력하고 자신의 몸값을 높이려고 애씁니다. 그러다 보니 대부분의 현대인이 워크홀릭, 즉 일 중독 상태에 있다고 해도 과언이 아닙니다. 하루 종일 쉬지 않고 일한 나무꾼보다 중간중간 쉬면서 일한 나무꾼이 더 많은 나무를 한다고 합니다. 그 이유는 쉬는 동안 도끼의 날을 갈아 더 쉽게 나무를 벨 수 있기 때문입니다. 강박관념에 쉬지 않고 일하다 보면 정신력의 도끼가 점점 무뎌져서 열심히 일해도 생산성이 떨어지게 됩니다. 취미 활동도 하면서 여유를 가지고 일하는 것이 좋겠습니다.

화를 경험할 때 웰빙행동을 적용해도 좋습니다. 부부싸움을 하게 되어 화가 날 때 묻지도 따지지도 말고 그냥 멈추고 그 상황에서 적절한 웰빙행동을 실천합니다. 밖에 나가 근린공원을 한 바퀴 돌고 오거나, 좋아하는 음악을 듣거나, 생각을 바꿔 주는 데 도움이 되는 유튜브 동영상을 시청합니다. 정보처리용량 제한성을 설명할 때 이야기했던 기분일치성효과를 떠올려 보기 바랍니다. 화가 날 때는 가급적 생각을 하지 않는 것이 좋습니다. 판단은 더욱더 미룰 일입니다. 화가 날 때는 우선 어떤 것을 통해서든 평정심을 찾고 볼 일입니다. 어쩌면 평정심을 찾고 보면 그만한 일이면 화날 일도 아니다, 내가 좀 더 이해하면 될 일이다, 하는 생각이 들지도 모릅니다.

『손자병법』이 나오기 전에 '36계'라는 병법이 있었습니다. 전쟁에서 이기기 위한 서른여섯 가지의 계책으로 구성되어 있습니다. 여러분도 들어 본 적이 있을 미인계는 36계 중 서른한 번째, 즉 31계입니다. 이 36계 중 마지막이 주위상(走爲上)입니다. 우리말로는 보통 '36계 줄행랑'이라고 표현합니다. 도망가는 것을 으뜸으로 삼는다는 뜻입니다. 때로는 전략상 후퇴하는 것이 가장 훌륭한 전법이라는 겁니다. 병법에서도 때가 아니면 도망가라고 합니다. 부부싸움을 할 때도 때가 아니다 싶으면 도망가는 것이 훌륭한 전략입니다.

웰빙행동을 잘 활용하기 위해서는 평소 웰빙행동목록을 작성해 두는 것이 좋습니다. 기분일치성효과로 인해서 정작 웰빙행동이 필요한 부정정서의 상태에서 웰빙과 관련된 것들이 잘 인출되지 않습니다. 즉 부정정서가 마음을 장악하면 긍정정서와 관련된 웰빙행동이 머리에 떠오르지 않는 것이지요. 평소에 나를 행복하게 해 주는 행동목록을 만들어 필요할 때 꺼내서 보고 활용합니다. 작은 카드에 적어 놓고 몸에 지니고 다니거나 스마트폰에 입력해서 필요할 때 꺼내 보는 것도 좋습니다.

웰빙행동목록을 작성할 때는 각 웰빙행동이 어떤 웰빙정서를 가져오는 데 도움이 되는지에 따라 정리합니다. 재미를 위해서는 어떤 행동이 좋고, 감동을 위해서는 어떤 행동이 좋으며,

마음의 평화를 위해서는 어떤 행동이 좋은지 등 웰빙정서별로 웰빙행동을 분류하면 원하는 웰빙정서를 위해 어떤 행동이 도움이 되는지 쉽게 알고 적용할 수 있습니다.

웰빙행동목록은 스트레스를 중심으로 분류할 수도 있습니다. 불안, 우울, 분노 등의 감정 상태일 때 어떤 웰빙행동이 도움이 되는지 정리해 두는 겁니다. 이런 분류는 개인마다 다를 수 있고 동일한 개인도 시간이 지나면서 바뀔 수 있으므로 종종 업데이트하는 것이 좋습니다. 더 구체적인 스트레스 상황에 맞춰서 웰빙행동목록을 만들 수도 있습니다. 예를 들어 남편과의 관계에서 화가 날 때, 직장 상사와의 관계에서 화가 날 때 등으로 분노의 대상이나 상황에 따라 맞춤형으로 웰빙행동목록을 작성해 두면 유용하게 사용할 수 있습니다.

실생활에서 웰빙행동을 잘 적용한 예를 하나 들어 보겠습니다. 제 강의를 들었던 한 학생이 취업 면접을 보러 갔다가 탈락을 했습니다. 욕구가 좌절된 상태고, 생각할수록 미래가 암담하고 우울해졌지요. 그 상태로 집에 가면 엄마나 언니가 걱정하는 말을 해 주어도 자신의 기분이 안 좋아서 짜증만 내고 서로 기분만 더 나빠질 것 같았습니다. 마침 수업 시간에 배운 웰빙행동목록이 떠올라서 목록 중에 있는 '노래방에서 노래 부르기'를 해 보기로 하고 노래방으로 갔습니다. 친구도 부르지 않은 채로요. 처음에는 혼자 노래 부르는 것이 어색했는데 계속 부르다 보니 신이 났습니다. 서비스 시간까지 추가로 받아서 기분 좋게 노래를 부르고 나왔지요. 그런데 기분이 좋아지니까 생각이 바뀌는 겁니다. 아까는 여기도 안 되고 저기도 안 되고, 이러다가 졸업할 때까지 취업 못 해서 백수가 될 것 같았습니다. 인생의 루저가 될 것 같고 앞이 암담했지요. 그랬는데 노래 부르기로 기분이 바뀌면서 생각도 긍정적으로 바뀌게 되었습니다. 심지어 자기처럼 유능한 사람을 뽑지 않은 회사가 더 손해라는 생각도 하게 되고, 유쾌한 마음으로 귀가해서 다음 면접을 열심히 준비할 수 있었다고 합니다.

이처럼 웰빙행동목록이라고 하는 간단한 방법을 통해서도 정서를 다스릴 수 있고, 그것을 통해서 내가 변화할 수 있습니다.

(2) 웰빙인지: 웰빙인지문장

웰빙인지는 그것이 활성화했을 때 웰빙(동기충족, 동기충족예상)의 상태를 만드는 생각입니다. 여기에는 스트레스(동기좌절, 동기좌절예상)를 감소시키는 생각도 포함됩니다. 일반적으로 '그럴 수도 있다', '별일 아니다', '이것이 더 좋을 수도 있다', '이 또한 지나가리라', '범사에 감사하라', '배웠다' 등처럼 문장으로 나타낼 수 있는데, 이런 문장을 웰빙인지문장이라고 합니다.

웰빙행동을 실천할 때 동기충족이나 동기충족예상의 웰빙을 가져오는 것처럼 웰빙인지문장을 떠올림으로써 마음에 동기충족이나 동기충족예상의 웰빙을 일으키는 겁니다. 어떤 문장이 웰빙인지문장이 될지는 사람마다 다를 수 있습니다.

웰빙인지 기법은 이이제이(以夷制夷), 이열치열(以熱治熱)의 방법이라고 할 수 있습니다. 인간은 생각으로 인해 고통을 만드는 경우가 많은데, 명상처럼 생각을 쉬는 방법 말고도 웰빙인지처럼 생각을 사용함으로써 고통을 감소시키거나 웰빙을 만들 수 있는 것이지요.

웰빙행동에서 언급한 것처럼 웰빙인지를 활용할 때도 기분일치성효과로 인해서 정작 필요한 순간인 스트레스 상황에서 그것이 잘 떠오르지 않을 수 있습니다. 따라서 웰빙인지목록도 익숙해질 때까지는 카드나 스마트폰을 이용해서 미리 만들어 두는 것이 좋습니다. 평소 원하는 웰빙 상태를 일으키는 데 도움을 줄 웰빙인지문장을 고요히 숙고하는 묵상(默想)을 하거나 종이에 필사(筆寫)하는 것도 좋고, 화가 날 때 도움이 되는 웰빙인지문장을 미리 준비했다가 필요할 때 꺼내 보면서 묵상하거나 필사하면 좋습니다.

화가 자주 일어나는 사람이라면 '그-별-이'를 추천합니다. '그-별-이'는 '그럴 수도 있지', '별일 아니야', '이것이 더 좋을 수도 있어'를 뜻합니다. 이 문장들을 가만히 떠올리면 상황을 받아들이는 데 도움을 줍니다. 그러면 웬만한 일은 짜증이나 화를 내지 않고 넘길 수 있습니다.

예를 하나 들어 보겠습니다. 때로 강의실에 들어가면 칠판은 앞 시간 강의 판서로 가득 차 있고, 빔 프로젝트는 켜져 있고, 학생들은 모두 고개를 숙인 채 스마트폰을 들여다보고 있는 상황을 만나기도 합니다. 이때 '그별이'를 떠올립니다. '그래 그럴 수도 있지. 별일 아니잖아. 이게 더 좋을지도 모르지.' 이렇게 생각하면 잠시 일어나려던 화가 슬그머니 사라지고 편안하게 빔 프로젝트를 끄고 칠판을 지울 수 있습니다. 웰빙인지가 주어진 상황의 받아들임을 도와주는 것입니다. 사실 빔 프로젝트를 끄고 칠판 지우는 것이 별로 힘든 일도 아니고 오래 걸리지도 않는, 별일 아닌 일이지요. 그런데 만약 그 상황에서 화를 다스리지 못하고 강의에 임하거나 학생들에게 수업받을 준비가 되어 있지 않다고 나무란다면 그 수업은 보나 마나 제대로 진행되지 않을 겁니다.

이와 같이 주어진 상황을 받아들이는 것이 마음 관리에서 중요합니다. 부처님은 『아함경』에서 '두 번째 화살을 맞지 마라'고 하셨습니다. 아내와의 다툼이 첫 번째 화살입니다. 이것을 통해 두 번째 세 번째 화살을 맞을 수 있습니다. 정신분석학자 융

(Carl Jung)은 'What you resist persists'라고 말했습니다. 어떤 것이든 받아들임을 하지 못하고 저항하면, 그것이 지속한다는 말입니다. 지속할 뿐만 아니라 더욱 커지게 됩니다. 우리가 경험하는 총 고통은 1차 고통 더하기 2차 고통입니다. 2차 고통은 다시 1차 고통 곱하기 저항입니다. 여기서 저항은 받아들임의 반대말입니다. 주어진 상황을 받아들이면 저항값이 0이 되어 우리가 경험하는 고통은 단지 1차 고통일 뿐입니다. 또 대개의 1차 고통은 시간과 함께 소멸합니다. 우리가 이런저런 생각으로 반추하며 받아들이지 못할 때 지속하지요. 말하자면 감정의 불은 생각이라는 연료가 주어지지 않으면 오래 타지 못합니다. 이것을 아래와 같이 공식으로 표현할 수 있습니다.

총 고통 = 1차 고통 + 2차 고통

2차 고통 = 1차 고통 × 저항

부처님 말씀을 빌리면 1차 고통이 첫 번째 화살이고, 2차 고통이 두 번째 화살입니다. 1차 고통을 경험할 때 대부분 받아들이지 못하고 이런저런 생각으로 고통을 증폭시키고 연장시킵니다. 이때 웰빙인지나 웰빙행동을 하면 저항으로 가는 주의를 돌려 주어 2차 고통을 만들지 않게 됩니다.

웰빙인지에는 웰빙기억도 포함되는데, 웰빙기억은 '웰빙기억-나'와 '웰빙기억-너'로 나눠볼 수 있습니다. '웰빙기억-나'는 내가 경험한 좋았던 기억, 만족스러웠던 기억, 자랑스러웠던 기억 등으로 이뤄집니다. 평상시에 종종 떠올려도 좋고 화가 날 때, 특히 나 자신에게 실망하고 화가 날 때 평소에 준비해 둔 '웰빙기억-나'를 가만히 들여다보면 마음을 다스리는 데 도움이 됩니다. '웰빙기억-너'는 자주 보는 사람과의 좋은 경험, 나를 기쁘게 한 일, 고마웠던 일 등을 포함합니다. 그 사람과의 관계에서 언짢거나 화가 날 때 그 사람의 '웰빙기억-너'를 떠올릴 수 있으면 화가 많이 누그러지고 그 사람을 이해할 수 있게 됩니다. 특히 '웰빙기억-너'에 내가 그 사람에게 실수했거나 미안했던 일을 기록해 놓으면 그 사람의 부정적 행동에 대해서 좀 더 관대하게 대할 수 있게 됩니다.

평소 묵상, 필사 등의 방법으로 웰빙인지를 자주 떠올리는 것이 필요합니다. 그렇지 않으면 습관이 된 생각이 나의 의식 공간에 출몰하게 되고 내 감정을 지배하게 됩니다. 동일한 환경에서 화를 더 자주 경험하는 사람은 화를 일으키고 확대하는 사고방식이 습관이 된 경우가 많습니다. 웰빙인지로 불건강한 생각을 대치하는 훈련이 필요합니다.

(3) 웰빙인지 탐구법 1: '뭘 바래?'

웰빙인지는 일반적으로 웰빙을 만드는 데 직접적으로 기여하는 '생각'이지만, 여기에는 스트레스나 웰빙의 근본 원인이 되는 욕구를 바르게 알게 함으로써 스트레스를 줄이고 웰빙을 늘리는 데 간접적으로 기여하는 '생각'도 있습니다. 대표적으로 '뭘 바래?'를 들 수 있습니다. 스트레스를 경험할 때 스트레스와 관련된 사건이나 사람에 대해 곱씹기보다 '뭘 바래?'라고 하며 자신을 돌아봅니다. 마치 스님들이 화두를 들듯이 '뭘 바래?' 하면서 자신의 분노 뒤에 있는 욕구를 숙고하며 탐구해 봅니다. 기본적으로 욕구가 없으면 스트레스가 없습니다. 자신이 어떤 욕구로 스트레스를 경험하고 있는지 스스로 돌아보는 겁니다.

스트레스를 이해하기 위해서는 자기 내면을 이해하는 것이 매우 중요합니다. 내가 경험하는 스트레스 혹은 화가 어디서 오는지, 어떤 동기 때문에 만들어졌는지, 그 동기가 나에게 의미가 있고 가치가 있는지를 돌아볼 필요가 있습니다. 그것이 나에게 진실로 의미 있고 가치 있는 동기라면 모든 것을 감수하고 나아가야겠지요. 그렇지 않다면 과감히 내려놓을 수 있어야 합니다. 내가 경험하는 분노와 관련된 동기가 중요하고 의미 있는 것이라면, 화를 부정하거나 억압하기보다는 화의 에너지를 바르고 건강한 방식으로 사용하여 좌절된 동기를 바로잡는 것이 필요합니다. 프랑스의 정신분석학자 라캉(J. Lacan)이 멋있게 표현한 말이 있습니다. '인간은 타자의 욕망을 욕망한다.' 이렇게 이해해 볼 수 있습니다. 나의 욕구인지 알고 추구하는데 알고 보니 엄마가 심어 준 것이고, 아빠가 심어 준 것이고, 선생님이 심어 준 것이고, 사회가 심어 준 것이라는 말입니다. 나름 열심히 사는데 알고 보니 나도 모르는 사이 컴퓨터에 악성 바이러스가 심어지듯이 어디선가 심어진 욕망을 좇아가고 있는 겁니다. 그러므로 자기를 돌아보는 것이 매우 중요합니다. 화뿐만 아니라 불안을 포함해서 우리가 경험하는 여러 가지 스트레스 경험은, 그것을 통해서 우리 자신을 돌아볼 수 있게 해 주는 단초 역할을 합니다. 따라서 그것을 거부하거나 미워하기보다 오히려 환영해야 합니다. '뭘 바래?'라고 속으로 반복하며 스트레스를 통해서 내가 왜 이런 경험을 하는지 돌아보고, '아, 나에게 이러한 욕구가 있어서 이런 경험을 하고 있구나' 하고 자신의 욕구를 이해해야 합니다. 이어서 그 욕구가 나에게 정말 필요한 것인지, 의미 있는 욕구인지, 중요한 욕구인지 등을 잘 숙고하고 탐구해 볼 필요가 있습니다. 이러한 돌아봄을 통해 내가 삶에서 진정으로 추구하는 동기가 무엇인지 통찰을 얻고 현명한 선택을 할 수 있습니다.

참고로 화와 관련해서 내 안의 동기에 대해 숙고하고 탐구

한다고 해서 남 탓을 하면 안 되고 내 탓을 해야 한다는 의미는 아닙니다. 사실은 남 탓이든 내 탓이든 탓을 할 필요가 없습니다. 일반적으로 남 탓하지 말라고들 하지만, 그렇다고 내 탓을 할 필요가 뭐 있겠습니까? 불교의 뛰어난 점이라면 불이(不二)사상, 둘로 보지 않는다는 관점이라고 생각합니다. 남 탓 아니면 내 탓을 해야 하나요? 그런 건 아니지요. 남 탓도 내 탓도 바람직하지 않습니다. 그랬다가는 자칫 분노나 우울에 빠지기 쉽습니다. 굳이 탓을 할 필요가 없습니다. 다만 바르게 알고 바르게 행하면 되는 겁니다. 나의 욕구가 의미 있고 가치 있는 것이라면 좌절된 욕구를 충족시키기 위해 환경을 현명하게 바로잡아 나가고, 그렇지 않다면 나의 욕구를 바르게 잡아 가면 될 뿐입니다.

화가 일어날 때 '뭘 바래?'라고 가만히 숙고하고 탐구하며 자신을 들여다보면, 내가 진정 바라는 것은 상대를 원망하는 것이 아니라 상대의 사랑과 존중임을 알게 됩니다. 배우자에게 화가 나고 미운 마음이 들다가도 상대를 비난하고 공격하는 것보다 상대의 사랑과 존중을 회복하는 것에 자연스럽게 초점을 두게 됩니다. 자녀가 마음에 드는 행동을 하지 않아 화가 치밀어 올라올 때도 '뭘 바래?' 하고 자신을 돌아보면, 내가 진정으로 바라는 것은 자녀의 행복임을 알게 됩니다. 그러면 보다 현명한 행동을 하게 되지요.

(4) 웰빙인지 탐구법 2: '수용의 왜'

웰빙인지의 탐구법으로 '수용의 왜'도 추천합니다. 만약 특정한 상황에서, 혹은 사람과의 관계에서 반복적으로 화가 난다면 그 상황이나 관계에 주의 깊은 관심을 가질 필요가 있습니다. 특히 자주 보는 사람과의 관계에서 반복되는 화가 있다면, 특별히 관심을 가지고 '수용의 왜'로 상대와 나의 욕구 및 생각을 잘 들여다보며 다음과 같이 진심으로 탐구해 보기 바랍니다. 이렇게 하면 분노를 경험하는 상황이 인간적으로 더 크게 성장하는 좋은 기회가 될 수 있습니다.

첫째, 상대가 왜 나에게 화나게 하는 행동을 하는지 진심으로 관심을 가지고 탐구해 봅니다. 예를 들어 남편이 자주 술을 마시고 밤늦게 들어와서 싸우게 될 때 아내는 이런 말을 합니다. "왜 맨날 술 먹고 늦게 들어오는 거야?" 이때 아내는 정말로 남편이 술을 마시고 늦게 들어오는 이유가 궁금한 걸까요? 아닐 겁니다. 그보다는 남편이 술을 마시고 늦게 들어오는 상황을 받아들일 수 없어서 내뱉는 말일 겁니다. 이것을 '저항의 왜'라고 부를 수 있습니다. 이럴 때 왜 남편이 거의 매일 술을 마시고 늦게 들어오는지, 진심으로 궁금해하고 관심을 가져 보면 어떨까요? 그러면 '남편이 왜 맨날 술을 마시고 늦게 들어올까?' 하고 탐구하게 됩니다. 이럴 때의 '왜'는 '수용의 왜'라고 할 수 있습니다. 상대의 행동을 비난하기에 앞서 일단 그 행동이 나타나는 현상을 받아들이고 그 원인을 궁금해하는 겁니다. 이렇게 '수용의 왜'로 상대의 행동에 관심을 가지고 상대를 이해하려고 노력하면, 그동안 둘 간의 관계에서 습관적으로 나타나던 조건화된 반응들이 서서히 멈추게 됩니다. 이것만으로도 관계의 회복이 시작되었다고 볼 수 있습니다.

둘째, 상대가 특정한 행동을 할 때 왜 내가 화를 내는지 진심으로 관심을 가지고 탐구해 봅니다. 위의 예에서 만약 내가 아내라면, 남편이 술을 마시고 밤늦게 들어오면 왜 나는 화가 나는지 진심으로 관심을 가지고 궁금해하며 탐구해 봅니다. 스님이 화두를 들듯이 '나는 왜 남편이 술을 마시고 늦게 들어오면 화가 날까?' 하고 자신의 마음 작용에 대해 궁리해 보는 겁니다. 이러한 탐구 역시 '수용의 왜'라고 할 수 있습니다. 이것만으로도 관계에서 습관적으로 조건화된 반응들이 멈추게 되고 관계의 회복이 시작됩니다.

이와 같은 탐구법은 나 자신뿐만 아니라, 상대 역시 피상적으로 바라보지 않게 해 주고 깊이 있게 대하고 바라보게 해 줍니다. 또 삶에 대해 진지하게 숙고하게 해 줍니다. 파블로프의 개처럼 자동적이고 습관적으로 사는 것이 아니라 깨어서 살게 해 줍니다. 내가 상대에게 진정으로 바라는 것이 무엇인지, 또 상대가 자신의 삶과 나와의 관계에서 참으로 바라는 것이 무엇인지 통찰을 얻을 수 있습니다.

(5) 감사-자비 수행

인간은 동기가 충족될 때 웰빙 상태가 되지만 오래 가지 않습니다. 얼마 있지 않아 동기충족 상태가 다시 원래의 비활성화 상태로 돌아갑니다. 배고플 때 식사를 하면 포만감의 즐거움이 있지만 시간이 지나면 다시 원상태로 돌아갑니다. 원하는 대학이나 기업으로부터 합격 통지를 받았을 때 행복하지만 그런 행복감은 어느덧 사라집니다. 원하는 집을 장만했을 때 매우 기쁘지만 그 기쁨도 몇 달 가지 않아 찾아보기 어려워집니다. 이런 현상을 심리학에서는 '쾌락적응'이라고 부릅니다.

또한 인간은 '부정편향성'이라고 해서 부정적인 정보에 더 민감하도록 진화했습니다. 긍정적인 정보는 놓쳐도 생존에 큰 지장이 없지만, 부정적인 정보는 놓치면 생존 자체가 위협받을 수 있기 때문에 인간은 긍정적 정보보다 부정적 정보에 더 많은 주의를 보내는 경향이 있습니다. 이미 일어난 동기좌절을 자꾸 곱씹으며 동기좌절을 지속시킨다든지, 일어나지 않았고 일어나지도 않을 일을 계속 생각하며 걱정함으로써 동기좌절 또는 동기좌절예상에 더 많은 주의를 보냅니다. 어찌 보면 인간은 행복이 아니라 생존을 위해 진화했다고도 말할 수 있습니다.

쾌락적응과 부정편향성을 가진 인간은 의도적으로 동기충족과 동기충족예상에 주의를 보내는 연습이 필요합니다. 평소 감사와 자비의 연습, 혹은 수행을 꾸준히 실천하는 것이 동기충족과 동기충족예상의 웰빙에 더 초점을 두게 해 주는 훌륭한 긍정심리의 실천법입니다.

감사는 비활성화된 동기의 충족 상태를 재활성화해 줍니다. 감사는 크게 나에 대한 자기감사, 다른 사람에 대한 타인감사로 나눌 수 있습니다. 물론 신에 대한 감사, 자연에 대한 감사, 국가나 사회에 대한 감사 등도 포함할 수 있지만, 여기서는 자기감사와 타인감사를 소개하도록 하겠습니다.

일반적으로 우리는 자신에게 감사하는 경우가 거의 없습니다. 그러나 마음사회이론으로 볼 때 내 안에는 여러 '나'들이 살고 있습니다. 많은 '나'들이 수고하여 내 몸의 건강 돌봄, 공부, 업무, 여러 역할 등을 해내고 있습니다. 마땅히 나에게 감사하는 자기감사가 필요합니다. 한 차례 공부나 업무를 하고 잠시 쉴 때 자리에서 일어나기 전 속으로, 혹은 아무도 없다면 소리 내서 스스로에게 감사를 표시합니다. 자기 이름을 부르면서 해도 좋습니다. "oo야, 수고했어! 애썼어! 덕분이야! 고마워!" 습관처럼 해 보기 바랍니다. 반드시 듣는 '나'가 있습니다. 기분 좋아지는 '나'

가 있습니다. 아픈 데 없이 무탈한 것만으로도 나의 몸에게 감사를 나타낼 수 있습니다. 말로 하든지 속으로 하든지 몸에게 감사함을 표시합니다. 원한다면 거울을 보며 자신에게 감사를 표현할 수도 있습니다.

자기감사 수행과 함께 주변 사람들에게 감사하는 타인감사 수행도 함께합니다. 작은 고마움에도 감사하다는 말로 표현합니다. "감사해요", "고마워요"라는 말을 입에 달고 삽니다. 지나가다가 어깨만 부딪혀도 감사하다는 말이 나올 정도로 습관이 된다면 더욱 좋겠지요. 감사할 거리를 자꾸 찾아봅니다. 한편으로는 상대로부터 제공된, 혹은 현재도 주어지고 있는 동기충족을 다시 떠올리며 감사를 느껴 봅니다.

가까운 사이일수록 공기처럼 익숙해서 상대에 대한 고마움을 못 느끼는 경우가 많습니다. 의도적으로 종종 상대에 대한 감사를 떠올리고 표시하면 좋습니다. 또 상대가 나의 동기를 충족시켜 줄 때 놓치지 않고 감사를 표시합니다. 타인감사의 경우 상대에게 감사를 표시하면 감사하는 내 마음뿐만 아니라 감사를 받는 상대의 마음도 동시에 따뜻해져서 감사의 시너지가 만들어집니다. 무엇보다 감사의 마음을 주고받는 것이 인간의 기본 동기인 관계 동기의 충족을 가져와 삶을 행복하게 만들어 줍니다.

감사를 일지로 기록해도 좋습니다. 감사일지를 작성하는

습관을 들이면 일상에서 감사에 대한 감수성이 높아져 감사한 일을 잘 포착하고 느끼며 표현할 수 있게 됩니다. 또한 감사를 기록하면서 또다시 감사를 느낄 수 있는 장점이 있습니다. 다만 감사일지를 매일 쓰는 것은 도움이 안 될 수 있습니다. 감사를 포함해서 긍정심리의 여러 기법에서 중요한 것은 진정성입니다. 마음에서 우러나는 것이 아니고 해야 한다는 강박으로 실천하게 되면 효과가 없거나 반대 효과가 날 수도 있습니다. 감사일지를 쓰는 것이 짐이 돼서는 안 됩니다. 때로는 며칠 안 쓰는 날이 있어도 좋습니다. 자연스럽게 마음에서 우러나서 쓰고 싶을 때 쓰면 됩니다.

감사 수행이 충족된 동기의 상태를 재활성화함으로써 동기충족의 웰빙을 높여준다면, 자비 수행은 평소 동기충족과 동기충족예상의 웰빙을 높여 줍니다. 또 동기좌절 상태에서 자비 수행을 하면 동기좌절을 감소시켜 웰빙을 높여 줍니다. 자비는 다음과 같이 정의할 수 있습니다. "자비는 '사랑할 자(慈)'와 '슬퍼할 비(悲)'로 구성된다. 자는 대상에 대한 따뜻한 사랑의 마음으로 대상의 행복을 바라는 마음이다. 비는 대상이 겪는 고통을 깊이 공감하며 상대가 고통으로부터 벗어나기를 바라는 마음이다(김정호, 2014, 『스무 살의 명상책』, p.231)". 이와 같이 자비는 대상이 고통에서 벗어나 행복하기를 바라는 매우 적극적이고 건강한 동기라고 할 수 있습니다.

자비의 마음을 연습하는 것은 분노를 다스리는 데 많은 도움이 됩니다. 자비는 크게 자신을 향한 자기자비와 타인을 향한 타인자비로 나눌 수 있습니다. 우리는 일반적으로 타인자비에 익숙하지요. 기본적으로 타인을 위해 자비심을 낸다고 생각합니다. 그러나 최근 심리치료의 한 방법으로 자비를 수용하고 있는 서양에서는 타인자비보다 자기자비에 대한 연구가 많습니다. 현대사회로 올수록 자기 자신에 대한 무자비함이 증가했기 때문일 겁니다. 아마 우리나라도 크게 다르지 않으리라 생각합니다.

일반적으로 자비 수행은 자비 기원의 방식으로 수행합니다. 자비 기원은 자비의 대상(나 혹은 상대)을 향해 아래와 같은 자비의 문장을 속으로 반복하는 것으로 일종의 심상법이라고 볼 수 있습니다. 자기자비의 경우 나의 환한 얼굴을 떠올리는 것이 좋습니다. 진심으로 나의 건강, 평화, 행복, 성장을 기원해 줍니다. 자기자비를 마친 후에는 타인자비를 진행합니다. 이때는 상대의 행복한 얼굴을 떠올리는 것이 좋습니다. 진심으로 상대의 건강, 평화, 행복, 성장을 기원해 줍니다. 타인자비 역시 타인감사처럼 관계 동기의 충족을 통해 삶의 행복을 높여 줍니다. 긍정심리의 수행이 다 그러하듯 자비 기원에서도 진정성이 중요함을 잊지 않도록 합니다. 한편 감사 수행이 자비 수행을 도와주기도 합니다. 나에 대한 자기감사가 자기자비로, 너에 대한 타인감사가 너에 대한 타인자비로 연결되기 쉽기 때문입니다.

내가 건강하기를
내가 평화롭기를
내가 행복하기를
내가 성장하기를

네가 건강하기를
네가 평화롭기를
네가 행복하기를
네가 성장하기를

출퇴근하는 사람이라면 아침에 출근할 때 먼저 자기자비를 하고, 이어서 사무실에서 만날 사람들을 떠올리며 타인자비를 합니다. 퇴근할 때는 먼저 자기자비를 하고 이어서 귀가해서 만날 가족을 떠올리며 타인자비를 합니다. 중간에 회의가 있으면 먼저 자기자비 후에 회의에서 만날 사람들을 떠올리며 타인자비를 합니다. 이렇게 하면 자비 기원의 자비 수행이 자연스럽게 일상생활에서 자리 잡게 됩니다. 기상 직후와 취침 전에 자비 기원을 하는 것도 좋습니다. 평소 틈틈이 자비 문구를 반복하면 자비의 속말(Self-Talk)이 습관이 됩니다. 자기도 모르게 틈만 나면 자기 비난이나 걱정의 속말을 하는 습관을 대치하는 데 도움이 됩니다. 자기를 미워하든 다른 사람을 미워하든, 누군가를 미워할 때 내 마음에는 미움이 담깁니다. 내 마음을 미움으로 오염시키지 않고는 누군가를 미워할 수 없기 때문입니다. 마찬가지로 다른 사람에게 자비를 기원하면 내 마음이 자비로 채워집니다. 자비 기원은 내 안의 자비심을 일깨우고 내 마음을 따뜻하고 행복하게 해 주는 훌륭한 수행법입니다.

자비 수행은 자비 기원의 방식 외에도 자비행(慈悲行), 즉 자비의 행위를 실제적으로 실천하는 방식으로도 수행할 수 있습니다. 평소에 나에게 친절한 것도 자기자비입니다. 한 자리에 오래 앉아 무리해서 공부하거나 일하지 않는 것도 나에게 자비로운 행위입니다. 건강한 음식을 먹고 과식하지 않으며 운동하는 것도 나에게 자비로운 행위입니다. 상대가 나의 마음을 몰라주고 자기 뜻을 굽히지 않아 서운하거나 화가 날 때, 바로 그때 고통 속에 있는 나를 알아주고 속으로 따뜻하게 위로의 말을 해 주는 것도 훌륭한 자비 행위입니다.

이 경우 마음챙김이 도움이 될 겁니다. 화가 일어나는 그 순간 놓치지 않고 화가 일어남을 알아차립니다. 화의 마음으로 고통스러울 때 힘들어하는 친구를 위로하듯이, 좋은 엄마가 아이를 안고 달래 주듯이, 나를 알아주고 보듬어 줍니다. 마음사회 이론을 상기해 봅니다. 내 안에 고통스러워하는 '나'가 있을 때 '자비로운 나'를 불러 따뜻하게 위로해 줍니다. 자기대화(Self-Dialogue)를 한다고 해도 좋습니다. 화가 나서 고통스러워하는 '나'가 자신의 입장에서 얘기를 하면, '자비로운 나'가 잘 들어 주고 공감도 해 주고 때로는 상대의 입장도 변호해 주면서 괴로운 '나'를 달래 줍니다. 한편으로는 상황이나 상대를 이해할 수 있도록 얘기해 줍니다. 그러면 화가 내려가고 마음이 편안하고 이해심이 올라오게 됩니다. 평소 화가 많은 사람에게 특히 자비 수행을 권하고 싶습니다. 누군가에게 화가 나는 것은 알고 보면 사랑이나 존중을 받지 못하는 데서 오는 경우가 많습니다. 또는 사랑이나 존중을 받지 못하게 되지 않을까 하는 두려움 때문일 수 있습니다. 누군가에게 미운 감정이 드는 것도 결국 그 상대가 나를 사랑하지 않기 때문에, 혹은 사랑하지 않을 것 같기 때문에 생기는 경우가 대부분입니다. 그렇다면 마음에 미움을 담거나 미움에 바탕을 둔 행동을 할 것이 아니라, 마음에 사랑을 활성화하고 사랑을 실천하는 행동이 필요합니다. 그럴 때 자기자비 수행을 통해 건강한 자존감을 갖고, 타인자비 수행을 통해 사람들을 사랑하는 마음을 기르는 것이 화를 줄이는 데 많은 도움이 될 겁니다.

행복은 자기성장의 동기에서 출발한다

무엇을 하든 그것을 실행하기 위해서는 동기가 필수적입니다. 분노의 관리를 포함해서 마음을 다스리는 기술을 배우고자 할 때도 그것을 배우고자 하는 동기가 중요합니다. 나는 정말 분노를 관리하고 싶은가? '나는 너무 자주 화를 벌컥벌컥 내는 것 같아. 스스로 좀 다스릴 필요가 있겠어' 하는 동기가 있는가? 이것이 매우 중요합니다.

아무리 좋은 수행 방법이 있다고 해도 하고자 하는 욕구가 없으면 아무 도움이 되지 않습니다. 아무리 좋은 기법이 있어도 실천하지 않으면 전혀 도움이 되지 않습니다. 그림의 떡과 같습니다. 그림의 떡을 아무리 쳐다봐도 배부르지 않습니다. 그러니 제일 중요한 건 동기입니다. 동기가 알파요, 오메가라고 할 수 있습니다. 동기에 의해서 내가 스트레스를 경험합니다. 동기에 의해서 내가 웰빙을 경험합니다. 자신을 이해하고 변화시키려고 할 때도 동기가 중요합니다.

동기 중에서는 성장의 동기와 관계 유능성을 높이고자 하는 동기가 중요합니다. 관계 유능성은 사람들과 관계를 잘하는 능력입니다. 관계 유능성의 동기는 넓은 의미에서 성장의 동기에 속한다고 볼 수도 있습니다. 돈 많이 벌고 큰 집에서 살다가 가겠다는 동기만이 아니라, 인생에서 나를 좀 더 이해하고 불안이나 우울을 다스리고 인간적으로 성숙해지는 삶을 살겠다는 동기를 갖는 것입니다. 주변 사람을 이해하고 관계를 잘 맺고 화가 날 때 잘 다스릴 수 있는 능력을 갖고자 하는 동기를 세우는 것이지요. 내 안의 많은 '나'들과 상대 안의 많은 '나'들을 잘 이해하고 서로 상생하는 삶을 살고자 하는 동기를 확립하는 겁니다.

인간은 누구나 100년 안팎을 살다 가기 위해 몸과 마음이라는 아바타를 가지고 지구에 옵니다. 한정된 삶입니다. 이처럼 유한한 삶을 자각하는 것도 건강한 동기를 활성화하는 데 매우 중요합니다. 서양에 '메멘토 모리(Memento Mori)'라는 경구가 있습니다. '죽음을 생각하라'는 말입니다. 우리는 살면서 죽음을 멀리 있는 것으로 생각합니다. 늘 살 것처럼 생각합니다. 그래서 걱정이 많은 사람들에게 "백 년도 못 사는 인생이 천년의 걱정을 한다"라는 말을 해 주기도 합니다.

내 삶의 유한성을 깨달으면 부질없는 욕구, 특히 물질적 욕구에 대한 집착에서 좀 떨어져서 정말 잘살고자 하는 마음을 내게 됩니다. '부자 되세요'라는 덕담을 주고받는 것처럼, 우리 모두 부자가 되고 싶어 합니다. 물질적으로 부자가 되는 것이 나쁜 일은 아닙니다. 그러나 유한한 삶이라는 것을 상기하면, 그 제한된 시간을 어떻게 사용할 것인가, 무엇을 이루는 데 시간을 써야 할 것인가에 대해 숙고하게 됩니다. 물질적인 부자도 좋지만 제한된 수명 동안에 정말 잘 공부해서 좀 더 성장하는 마음의 부자가 되겠다는, 그런 욕구를 분명히 세울 때 분노 관리를 위해서도 시간과 노력, 정성을 투입하게 될 겁니다.

안타까운 것은 우리가 늘 접하는 광고, 외부의 자극이 우리의 물질적인 욕구를 자꾸만 활성화하게 만듭니다. 물질적인 욕구를 자꾸 세우게 만듭니다. 물질적 욕구를 세울수록 나쁘다는 뜻은 아니지만, 그것이 동기의 조화로운 추구에 방해가 됩니다. 우리의 여러 가지 동기가 조화롭게 추구되어야 하는데, 물질적인 동기만을 활성화하는 사회에서 살다 보니까 정말 가치 있는 욕구, 가치 있는 동기를 잊어 버리게 됩니다. 마지막 임종 상태에 왔을 때 무엇을 후회할 것인가 생각해 보세요. 돈을 많이 벌지 못한 것일까요? 높은 지위를 못 가진 것일까요? 그보다 가까운 사람들과 더 많이, 더 자주 따뜻하고 즐거운 시간을 갖지 못한 것이 후회되지 않을까요? 한번 잘 생각해 보기 바랍니다.

핵심은 동기입니다. 내가 무엇을 하고자 하는가? 내 분노를 관리하고자 하는 욕구가 분명히 있는가? 조금 더 넓게는 내 스트레스를 관리하고자 하는 욕구가 분명한가? 이러한 욕구가 있다면 좋은 방법이 많이 있습니다. 앞에서 소개한 방법들 외에도 말이지요. 여러분 주변에 좋은 책과 강연이 많습니다. 유튜브에도 좋은 영상이 많습니다. 욕구가 핵심이라는 것을 분명히 알고, 공부만 하면 됩니다. 배우고 익히는 과정에서 하나하나 욕구를 충족하는 즐거움을 맛볼 수 있을 겁니다. 스트레스도, 분노조차도 흥미 있게 다가올 겁니다. 왜냐고요? 나에게 분노를 극복하고자 하는 동기, 자기성장의 동기가 있기 때문입니다. 분노 관리, 스트레스 관리를 하면서 성장 동기가 충족되는 동기충족의 웰빙을 경험하게 되는 것입니다.

분노를 일으키는 대상이나 사건에 감사하는 마음이 생길 수도 있습니다. 누군가 분노를 일으켜 주지 않으면 분노를 공부할 수 있을까요? 역설적이게도 누군가 나를 화나게 했기 때문에 화를 공부할 수 있는 기회가 주어지는 겁니다. 한편으로는 화가 나겠지만 화가 나는 바로 그 순간이 화에 대해 공부할 수 있는 기회가 아니겠습니까? 평화로울 때는 누구나 너그럽습니다. 화날 때, 바늘 하나 꽂을 수 없을 만큼 마음이 겨자씨처럼 좁아졌을 때, 그때야말로 화를 다스릴 수 있는 절호의 기회입니다.

다시 한번 강조하지만 내 욕구가, 동기가 핵심입니다. 그것을 가지고 있으면 도처에 있는 많은 좋은 방법을 통해 자신의 마음을 이해하고 다스리는 법을 공부할 수 있습니다. 이러한 과정이 바로 나의 성장이므로 즐거움, 행복과 함께 성장하는 삶을 살아갈 수 있을 겁니다.

상구보리 하화중생(上求菩提 下化衆生)

오늘 강연의 제목이 '분노는 나의 스승'입니다. 분노를 통해서 나의 동기와 인지, 즉 나의 욕구와 사고방식을 이해하고 내가 평소에 어떤 식으로 살고 있는지 깨달음으로써 좀 더 성장하는 삶을 살아가자는 말을 드리고자 했습니다. 또 분노를 통해서 내 분노와 관련된 사람들을 이해하고 사회를 이해하고 자연을 이해함으로써 그 사람과의 관계, 사회와의 관계, 자연과의 관계를 아름답게 가꿔 나가면 좋겠다는 취지로 이야기를 풀어 갔습니다.

저는 이것이야말로 불교에서 말하는 '상구보리 하화중생(上求菩提 下化衆生)'이 아닌가 생각합니다. 분노든 불안이든 두려움이든 우울이든, 스트레스와 고통을 경험할 때 먼저 나를 돌이켜 이해해 봐야 합니다. 동기상태이론으로 볼 때 동기 없는 좌절은 없습니다. 따라서 고통 너머에 나의 어떤 욕구가 있는지, 어떤 사고방식이 있는지를 숙고하고 그것들을 다스리는 과정이 바로 나에 대한 이해이자 상구보리의 과정입니다. 이 과정에서 나를 둘러싼 환경을 이해하는 과정이 따라옵니다. 왜 아내와 갈등이 계속되는지, 왜 똑같은 일로 다툼을 반복하는지, 그 이유를 찾아야 합니다. 아들과의 관계, 직장에서의 관계, 사회에서의 관계 등 다른 사람들과의 관계에서 어려움이 있을 때마다 왜 그러한지에 대해 관심을 가지고 돌아보면 다른 사람을 좀 더 이해할 수 있게 될 겁니다. 나뿐만 아니라 다른 사람을 이해하게 되면, 그것으로 사회의 부조리를 해소하고 자연에 대해서도 친화적인 행동을 하게 됩니다. 이런 것들이 하화중생이라 할 수 있습니다. 화를 다스리는 모든 과정도 넓게 보면 하화중생이라 할 수 있습니다. 이 과정이 우리의 성장이고 우리의 행복이라고 말할 수 있습니다.

강의를 마치며 – 묻고 답하기

감정과 정서가 같은 말인지, 아니면 의미의 차이가 있는지 궁금합니다.

감정과 정서는 일단 같다고 할 수 있습니다. 학술적으로 논의를 하면 더 세부적으로 구분할 수도 있지만, 일반적으로 정서는 학술적 용어로 많이 사용하고 감정은 일상적으로 많이 사용한다고 보면 됩니다. 참고로 영어로는 'Emotion'을 '정서' 또는 '감정'으로 번역합니다. 관련된 용어를 조금 더 말씀드리면 정서와 기분을 구분합니다. 정서의 경우는 구체적인 사건이 있고, 그것으로 인해 일어나고 비교적 지속이 짧습니다. 기분은 영어로 'Mood'에 해당합니다. 특별히 어떠한 관련된 사건이 불명료하고 찾기 어려우며 비교적 오래 지속하는 특징이 있습니다. 예를 들어 우울한 기분이 장기간 지속되는 사람이라도 어느 날 아들이 시험 점수를 백 점 받아 오면 기쁜 정서를 느낄 수 있습니다. 물론 일상생활에서 정확하게 구분해서 사용하지는 않습니다.

분노를 다스리려면 먼저 스스로의 마음을 잘 살펴야 한다고 말씀하셨는데요. 보통 분노는 누군가와의 관계에서 발생하는 경우가 많습니다. 따라서 관계된 누군가에게 정확히 메시지를 전달하지 않으면 분노의 요인이 해소되지 않을 것 같습니다. 자기 마음만 다스리면 안으로 스트레스가 쌓일 것 같습니다. 어떤 식으로든 분노의 메시지를 전달해야 하는 것이 아닐까요?

정답이 꼭 하나는 아닙니다. 분노가 필요할 때가 있고, 아닐 때도 있습니다. 표현을 하더라도 지금 해야 좋은 때가 있고, 나중에 해야 좋은 경우도 있습니다. 노자의 『도덕경』에 동선시(動善時), 즉 움직임에 있어서 때가 중요하다는 말이 나옵니다. 타이밍이 중요하다는 것이지요. 예를 들어 아내와 부부싸움을 할 때 내가 분명히 옳다고 해도 나와 아내의 감정이 격해져 있으면 합리적인 의사소통이 어렵기 때문에 멈추는 것이 중요합니다. 앞에서 '기분일치성효과'를 설명했지요. 화가 났을 때 공정한 정보 처리를 할 수 없고, 따라서 바른 판단을 할 수 없습니다. 웰빙행동을 통해 평정심을 찾은 후에 자신의 욕구, 생각, 감정 등을 차분하게 전달하는 것이 좋습니다.

자기성장의 동기가 있으면 가급적 남한테 뭐라고 하기보다 내 공부를 위주로 합니다. 지금 생각하면 분명히 상대가 문제인데 왜 내가 바꿔야 하나, 이렇게 반발심이 들 수도 있습니다. 그래서 자기성장의 동기가 중요합니다. 자기성장의 동기가 있으면 나를 바꾸는 것이 억울하기보다 나의 성장을 위한 것이므로 동기충족의 웰빙이 될 수 있습니다.

그리고 받아들임이 중요합니다. 인생에서 진정으로 성공하고 싶다면, 자기성장이라는 동기를 충족시키고 싶다면, 나를 성장시키고 변화시키는 마음공부를 해야 합니다. 묘하게도 내가 바뀌면 상대도 바뀝니다. 반대로 상대가 잘못이라고 생각해서 상대를 바꾸려고 노력할수록 상대는 더욱 반대 방향으로 변해 가는 부메랑 효과에 직면하게 됩니다.

예를 하나 들어 보겠습니다. 오빠랑 같이 사는 여동생이 오빠가 맨날 컴퓨터만 하고 방을 치우지 않아서 늘 혼자 방 청소를 하면서 화가 났답니다. 그런데 이 여동생이 명상을 배우면서 행동이 바뀌었습니다. 하루는 집이 지저분해서 청소하는데, 다른 때와는 달리 생각을 비우고 그저 청소에만 집중하는 청소 명상을 했답니다. 밖에 나갔던 오빠가 돌아왔을 때, 평소와 달리 오빠한테 화내지 않고 잔소리도 하지 않고 말없이 단지 청소만 했지요. 오빠가 처음에는 흠칫했다가 평소처럼 소파로 가서 TV를 보더랍니다. 그런데 조금 있으니까 오빠가 일어나서 자기 방을 치우더래요. 그 전에는 아무리 말해도 하지 않던 행동이었지요. 상대를 변화시키려고 시도하지 않고, 잔소리도 하지 않고, 자신의 행위에만 집중하는 방식으로 스스로 변하니까 상대의 행위도 바뀌는 겁니다.

나와 상대는 긴밀하게 연결되어 있습니다. 예를 들어 아내와 남편이 부부싸움을 할 때 아내가 A1, A2, A3 … 등으로 말을 하고, 남편은 B1, B2, B3 … 등으로 말을 합니다. 이때 A1이 나오면 B1

이 나오고, B1이 나오면 A2가 나옵니다. A2가 나오면 다시 B2가 나옵니다. 이런 식으로 얘기가 진행되는 것이지요. 만약 아내가 남편의 B1에 대해 A2를 보이지 않으면 남편도 B2를 보이지 않게 됩니다. 여기서부터 변화의 시작이 일어날 수 있습니다.

사람은 자기 스스로 바뀌려고 하기 전에는 다른 사람의 요구에 의해서 잘 바뀌지 않습니다. 왜냐하면 인간의 중요한 동기 중의 하나가 자율의 동기이기 때문입니다. 행위를 할 때 자기 자신의 자율적 의사결정에 의해서 하고자 하는 겁니다. 여러분도 그런 경험이 있을 겁니다. 방이 지저분해서 막 청소를 시작하려고 하는데, 어머니가 들어와서 방이 지저분하다고 야단치면서 얼른 방을 청소하라고 하면 갑자기 청소하려는 마음이 싹 사라지지 않던가요?

욕구는 매우 중요합니다. 내가 남편이기 때문에, 부모이기 때문에 상대를 좌지우지하려고 하면 상대는 바뀌고 싶지 않게 됩니다. 누구나 자율의 욕구가 있기 때문이지요. 관계에 있어서 가장 중요한 것은 수용, 즉 받아들임이라고 말할 수 있습니다. 상황을 받아들이고 내버려 둘 때 상대가 바뀔 수 있는 기회가 열립니다. 역설적이게도 바꾸려고 하지 않을 때 상대는 바뀌기 시작합니다. 또한 상대의 자율 욕구를 존중할 때 표현의 적절한 타이밍과 표현 방법도 구사할 수 있게 됩니다.

성 안 내는 그 얼굴이 참다운 공양구요
아름다운 말 한마디가 미묘한 향이로다
깨끗해서 티가 없는 진실한 그 마음이
언제나 변함없는 부처님 마음일세

__ 균제 동자

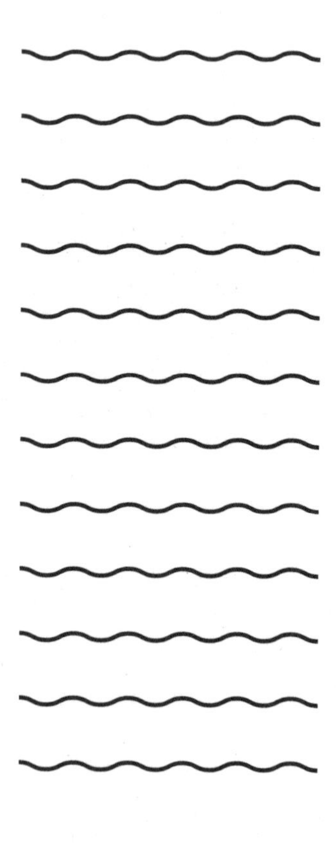

모든 생명을 사랑하고
모든 생명을 불쌍히 여기며
모든 생명에게 기쁨을 주고
모든 생명에게 베풀어라

_ 열반경

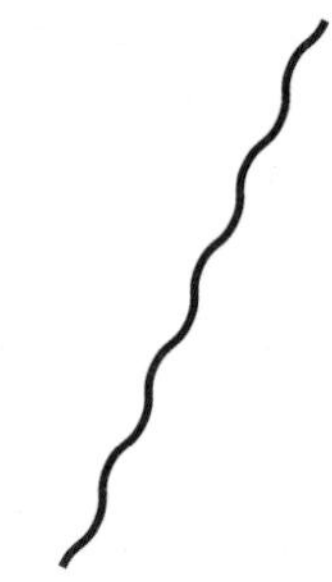

제2강

서 광

(사)한국명상심리상담연구원장

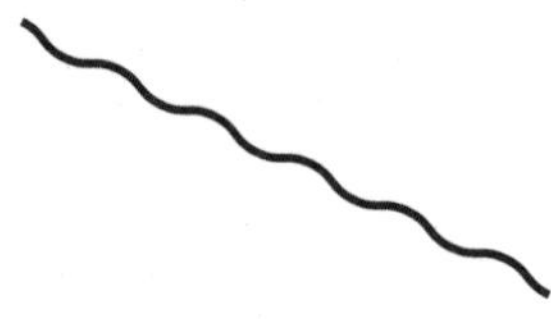

우리는 모두 각자의 인생 여정에 있습니다. 때로 그 길은 즐겁고 감사한 일로 가득하고, 때로는 외로움과 절망으로 가득하지요. 그야말로 기쁨과 행복이 동전의 양면처럼 무상하게 변화하고 예측할 수 없습니다. 삶은 누구에게나 희망과 불안, 자신감과 두려움으로 뒤범벅된 번뇌망상의 연속입니다. 특히 언제 끝날지도 모르는 코로나 팬데믹 시대를 살고 있는 지금은 더욱더 그렇습니다. 또 코로나 못지않게 올여름 세계 곳곳에서 일어난 기록적인 폭염과 홍수, 산불 등의 재난으로 많은 사람이 인고의 시간을 보내고 있습니다.

나이를 먹고 철이 들면서, 삶은 우리 개인이 통제할 수 없는 자아초월의 세계라는 사실을 실감 나게 체험하게 됩니다. 그래서 어쩔 수 없이 포기할 것은 포기하고 받아들일 것은 받아들이면서, 나름대로 마음을 쉬며 내 삶에 여유 공간을 만들어 갑니다. 그런데 웬만큼 단단하게 마음을 먹어도 너무나 쉽게 불안해지고 나약해지는 자신을 수시로 발견하게 됩니다. 왜냐하면 우리 삶이 진정한 행복과는 거리가 먼, 경쟁에 의해 습관처럼 비교당하고 평가받는 일상으로 얼룩져 있기 때문입니다. 승자와 패자가 끊임없이 맞물려서 돌아가는 생존경쟁의 쳇바퀴를 돌면서 우리의 자존감은 마치 비교와 경쟁의 얼룩을 닦느라 너덜너덜해진 행주처럼 변해 버렸습니다.

저는 이번 강연을 통해서, 그런 우리의 아픈 마음을 부처님이 어떤 방식으로 어루만져 주고 달래 주는지 가능한 한 친근하고 쉽게 풀어 보고자 했습니다. 제가 다룬 '자존감'에 대한 이야기들은, 그동안 행복이 아닌 생존에 초점을 맞춰 살아온 우리의 삶과 일상을 다시 행복으로 전환하는 자양분을 만드는 데 작은 보탬이 되기를 바라는 마음에서 출발했습니다. 이번 강연을 통해서 상처받은 우리의 자존감이 우리가 본래부터 가지고 태어난 본래면목, 불성(佛性)으로 온전하게 치유될 수 있기를 희망합니다. 그리고 자존감의 회복으로 순간순간 흔들리는 마음을 단단히 부여잡고, 고통의 한가운데서도 삶이 우리에게 주는 기쁨과 선물을 잊지 않고 음미할 수 있기를 기도합니다.

누구도 통제할 수 없는 현실, 삶의 고단함이 실은 하나의 거대한 연기의 발현임을 깨닫고 우리 모두 연기적 삶을 실천하는 마음 수행을 꾸준히 해 나갔으면 합니다. 그 여정에서 다양한 모습으로 서로를 응원하고 사랑할 수 있기를 간절한 마음으로 바랍니다.

우리 모두가 건강하고 행복하기를
우리 모두가 있는 그대로의 우리 자신을 사랑하기를
우리 모두가 삶의 고통으로부터 자유롭기를

당신의 자존감은 안녕한가요

상처 입은 자존감을 위한 불교심리학

자존감이란 무엇인가

자존감은 자아존중감(自我尊重感)의 줄임말로 자기 자신을 존중하는 느낌, 감정의 정도를 뜻합니다. 즉 자신의 가치를 주관적이고 정서적으로 평가하고 판단하고 믿는 태도입니다. 살다 보면 알게 모르게 스스로에 대해 "나는 멋있어, 잘났어, 못났어" 등과 같은 판단이나 믿음들이 생겨납니다. 자신을 향한 그러한 마음의 태도들은, 또한 그에 따른 정서적 상태, 성취감, 우월감, 좌절감 등을 유발합니다. 이러한 마음의 내용과 작용들이 자존감과 관련이 있습니다. 쉽게 말해서 자존감은 자신을 얼마나 존중하는가? 또 자신을 얼마나 사랑하고 좋아하는가? 자신을 얼마나 있는 그대로 인정하고 수용하고 소중하게 여길 수 있는가 하는 문제입니다. 그런 의미에서 자존감은 자기에 대한 주관적인 평가, 태도라고 하는 것입니다. 또한 그러한 평가나 태도가 정서적인 심리 상태에 아주 직접적인 영향을 미치기 때문에 자존감을 정서적인 평가, 태도라고 말할 수도 있습니다.

왜 우리는 사랑에 목말라 할까

자존감과 관련해서 가장 큰 문제는 무엇일까요? 그건 바로 나는 진심으로 '나'를 사랑하고 존중하고 싶은데, 그것이 마음대로 잘 되지 않는다는 사실입니다. 세상에서 가장 소중하고 귀한 존재가 '나'라는 사실에 반대할 사람은 없을 겁니다. 그렇다면 우리는 모두 자존감이 매우 높아야 할 것입니다. 왜냐하면 우리는 이 세상 그 누구보다도 자신을 사랑하고 소중하게 여긴다고 믿고 있으니까요. 그러나 그건 의식 수준에서의 착각일 뿐 우리의 무의식은 그렇지가 않습니다. 무의식은 끊임없이 우리의 능력을 의심하고 스스로를 못마땅하게 여깁니다. 그로 인해 자신의 존재 가치에 대한 확신이 흔들리고 불안해합니다.

세상에서 인정받고 존중받고 사랑받기 가장 어려운 상대가 누구인지 아시나요? 바로 자기 자신입니다. '나'로부터 인정받는 것이 가장 어렵습니다. 우리는 자신을 사랑하는 데 서툴고 사랑할 줄 모릅니다. 심지어 사랑은 남에게 받거나 주는 것인 줄만 알지, 우리가 우리 자신을 사랑하고 존중할 수 있다는 사실을 알지 못하고 그러한 사실 자체를 생소하게 여기는 사람이 많습니다. 우리가 스스로를 사랑하지 못하니까, 어떻게 하나요? 상대방에게 날 인정해 달라고, 존중해 달라고, 사랑해 달라고 끊임없이 요구하게 됩니다. 남에게 바라지 말고 그냥 자기 자신을 사랑하고 돌볼 수 있으면 좋은데, 그게 안 되니까 끊임없이 타자에게서 인정과 사랑을 갈구하는 겁니다.

건강한 삶, 행복한 삶을 위해서 어느 정도의 사랑과 인정, 존중은 분명 필요합니다. 이것이 결핍되면 인간관계에서 오고 가는 말, 태도, 몸짓 등 크고 작은 것에 예민해지고 신경을 쓰게 됩니다. 쉽게 상처받고, 그것이 정신적 웰빙과 복지에 부정적인 영향을 미치게 됩니다. 사랑받고 인정받고 싶은 마음이 갈수록 커지니까요.

반대로 때로 누군가 자신을 인정해 주고 칭찬해 주면 소위 한턱내기도 합니다. 나를 치켜세워 주거나 알아주면 아낌없이 돈지갑을 열게 되는 겁니다. 그렇게 해서 우리가 진정으로 만족하고, 충만감을 느끼고, 행복할 수 있다면 얼마나 좋을까요. 돈으로 사든, 애를 쓰든, 사랑을 갈구하든, 노력해서 어떤 형태로든 채워질 수 있다면 좋겠지만, 그것은 일시적일 뿐 근본적인 해결책이 되지 않는다는 게 문제입니다. 자신으로부터 진정으로 인정받고, 존중받고, 사랑받기 전까지 우리의 마음은 결코 쉬지 못하기 때문입니다. 쉬지 못하는 그 마음은 다시 타자로부터 사랑받고 인정받고 싶은 욕구로 전환되어 사랑과 인정을 갈구하게 됩니다. 끊임없이 악순환을 반복하게 되는 것이지요. 갈망하는 것이 무엇인지, 사람마다 그 형태는 다를 수 있습니다. 학력일 수도 있고, 지위나 돈, 외모가 될 수도 있습니다. 갈망하는 것이 무엇이든지 간에 어떤 형태로든 우리는 자신의 존재감을 드러내기 위해서 끊임없이 인정받고 확인받고 싶어 합니다. 그런 의미에서 본다면 자존감은 우리의 신경증적 욕구와도 깊이 연관되어 있다는 생각이 듭니다.

자존감이 태도를 결정한다

자존감이 왜 중요할까요? 그것은 자존감이 자신을 바라보는 관점, 또 세상과 타자를 보는 관점에 영향을 미치기 때문입니다. 자존감의 정도가 스스로를 대하는 방식, 타자와 세상과 관계를 맺는 방식, 인간관계에 큰 영향을 미칩니다. 또한 불교에서 말하는 선한 행위와 악한 행위를 짓는 원인이 되기도 합니다. 물론 반대로 선한 행위를 하느냐 악한 행위를 하느냐의 여부가 자존감에 영향을 주는 것도 사실입니다.

자존감이 자기 자신과 타자들, 또 세상과 관계 맺는 방식에 구체적으로 어떻게 영향을 주는지 예를 들어 보겠습니다. 만약 여러분에게 무의식적으로 자신을 존중하지 않고 무시하는 마음이 있다면, 다른 사람을 어떻게 대할 것 같나요? 또 세상을 어떤 눈으로 바라보게 될까요?

무학대사와 태조 이성계 사이에 유명한 일화가 있습니다. 이성계가 조선을 세우고 왕위에 오르자, 오랫동안 격의 없이 지내던 사람들조차 왕과 신하의 관계가 되어 격식을 따지게 되었습니다. 게다가 자식들이 권력 다툼으로 서로를 죽이는 상황까지 이르자 이성계의 마음이 많이 외로웠나 봅니다. 그래서 하루날을 잡아서 과거의 벗과 스승이었던 무학대사를 초대해서 잔치를 벌였다고 합니다. 분위기를 좀 띄워 볼 요량에 하늘 같은 스승인 무학대사를 향해 "스승님 얼굴은 돼지를 닮았다"라고 농담을 던졌습니다. 그러자 무학대사가 "임금님의 용안은 부처님 같다"라고 되받았습니다. 이성계가 투정을 부리듯이 재미있으라고 한 말에 어찌 그러시냐며 섭섭해하니까, 이번에는 무학대사가 이렇게 말했다고 합니다. "돼지의 눈에는 돼지만 보이고, 부처의 눈에는 부처만 보이는 법이지요." 심리치료에서 말하는 대표적인 방어기제 중 하나인 투사(投射, Projection)의 원조라고 할 법한 장면입니다.

자신을 진실로 존중하고 사랑할 줄 모르는 사람, 즉 자존감이 낮은 사람은 타자를 진실로 존중하고 사랑할 줄 모릅니다. 반대로 자존감이 높은 사람일수록 타자를 존중하고 배려를 잘합니다. 그런 의미에서 본다면 소위 '갑질'하는 사람은 자존감이 매우 낮은 사람입니다. 갑질 행위는 '을'의 위치에 있는 사람을 무시함으로써 무의식 깊이 뿌리박힌 자존감을 높이려는 몸부림에 불과합니다. 남을 학대하는 사람 역시 자존감이 매우 낮은 사람입니다. 이들의 내면 깊숙한 곳에서는 항상 자기 비난과 자기 무시가 작용하고 있습니다. 또 사랑과 인정에 대한 갈망으로 경쟁, 질투, 분노 등 끝없는 전쟁이 일어나고 있습니다. 그래서 그들의 내면은 늘 지옥의 고통 바다에서 허덕입니다. 그러한 내면의 무의식적인 자기 비난과 낮은 자존감을 보상받고 극복하려는 어리석은 욕구에 의해 다른 이들을 왕따시키는 데 앞장서고, 자기보다 약하다고 여겨지는 상대를 괴롭히고 학대하는 것인지도 모릅니다.

자존감은 어떻게 생겨날까

자존감은 비교적 아주 어린 시절부터 발달합니다. 부모나 돌보는 이와의 관계에서 얼마나 긍정적 경험을 했는가, 또는 부정적 경험을 했는가에 따라서 달라집니다. 무조건적인 사랑과 돌봄, 존중을 받고 자랐다면 자기 존재에 대해 보다 안정적인 감각을 발달시켰을 겁니다. 반대로 비난이나 학대를 당하고 불안정한 환경에서 자랐다면 그렇지 못할 겁니다. 또 초등학생 시절이나 청소년기에 자유로운 의사 표현과 결정에 대해 존중받고 큰 지지를 받았다면, 자존감이 잘 발달되었을 겁니다. 그러나 신체적·정서적으로, 혹은 성적으로 학대받거나 무시당하고, 누구나 저지를 수 있는 미숙함에서 오는 실수조차 쉽게 비난받고 자랐다면 정상적으로 자존감을 발달시킬 수 없었을 겁니다. 특히나 학교와 가정에서 학업 성적으로 인격적인 비교와 무시를 당하거나, 또래 관계에서 부모의 경제적·사회적 지위에 따른 차별을 경험했다면, 마음에 상처를 입고 자존감 발달에 큰 어려움을 겪었을 수도 있습니다.

여기서 주의 깊게 고려해 봐야 할 게 있습니다. 사실 학업 성적이나 부모의 지위와 부에 따른 차별로 인해서 상대적으로 대우를 잘 받았든지 잘 못 받았든지, 그것은 별로 중요하지 않다는 점입니다. 특별 대우를 받는다고 해서 자존감이 높아지는 것이 아니라는 얘기입니다. 소위 금수저 환경에서 비롯되는 우월감이나 특별 의식은 언뜻 자존감이 높은 것처럼 보이지만, 알고 보면 흙수저 환경에서 비롯되는 좌절감이나 무력감만큼 자존감이 낮습니다. 이에 대해서는 뒤에서 자세히 말씀드리겠습니다.

최근에 저는 자살에 관한 논문을 쓰면서 아주 흥미로운 사실을 발견했습니다. 우리나라가 지난 10여 년간 OECD 회원국 가운데 자살률이 가장 높다는 사실을 알고 계실 겁니다. 그런데 자살 원인이 흥미롭습니다. 10대의 경우, 자살의 주요 요인 가운데 하나가 성적과 진학 문제이고, 나머지 20대부터 70대까지는 모두 경제적 문제라는 사실을 밝힌 연구 논문을 읽은 적이 있습니다. 돈과 행복의 관계를 묻는 조사(〈표1〉)에서 덴마크나 인도네시아 같은 나라는 응답자의 절반 가까이가 돈과 행복이 무관하다고 답한 데 비해 한국은 고작 7.2%만이 무관하다고 답했습니다. 10개국을 대상으로 하는 조사에서 가장 낮은 수치였습니다. 다시 말해 한국인 중 절대다수가 돈이 행복과 관련이 있다고 생각한다는 것입니다.

그뿐만이 아니라 한국사회에서 비민주화와 집단 갈등을 유

돈과 행복은 무관하다고 생각하십니까

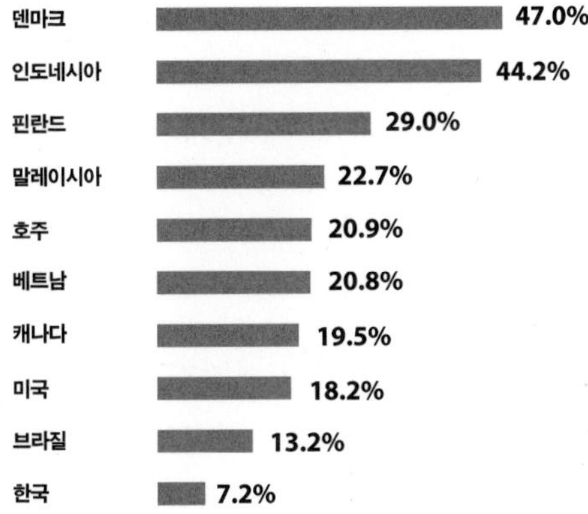

표 1 **돈과 행복의 관계**('그렇다'고 응답한 수치)

조선일보, 한국갤럽, 글로벌마켓인사이트가 전 세계 10개 나라 5,190명을 대상으로 실시한 '행복 여론조사'(2011)

발하는 요인을 조사하는 연구(〈표2〉)에서 직장 상사와 부하 직원, 기업가와 근로자가 가장 비민주적 관계로 밝혀졌습니다. 또 집단 간의 갈등은 부유층과 서민층, 기업가와 근로자 관계가 각각 1위와 2위로 나타났습니다.

오른쪽 위 도표를 보면 권위 의식이 가장 많이 작용하는 첫 번째 관계가 직장 상사와 부하 직원 사이고, 두 번째가 기업가와 근로자 사이라고 나와 있습니다. 이 말은 직장 상사가 부하 직원을 대하거나 기업가가 근로자를 대하는 태도가 다른 어떤 관계보다 권위적이라는 겁니다. 쉽게 말해서 지위가 역할의 차이를 넘어서 인격의 차이, 존재 가치를 평가하는 잣대로 쓰일 가능성이 크고, 우월한 지위를 구실로 갑질을 행사할 확률이 높다는 뜻입니다. 또 오른쪽 아래 도표를 보면 우리 사회에서 부유층과 서민층 사이에 집단 갈등이 가장 크고, 두 번째로 갈등이 큰 관계가 기업가와 근로자 사이라는 것을 알 수 있습니다.

이러한 통계 자료를 자존감이라는 관점에서 어떻게 해석해야 할까요? 과연 직장 상사나 기업가로부터 권위적 태도와 갑질을 당하는 부하 직원이나 근로자가 아무런 상처도 받지 않고 자존감을 온전하게 유지할 수 있을까요? 부자와 가난한 자의 관계는 어떻습니까? 우리 사회에서 가난한 사람이 느끼는 박탈감과 좌절감은 또 어떤가요? 가난 자체가 주는 힘겨움보다는 가난

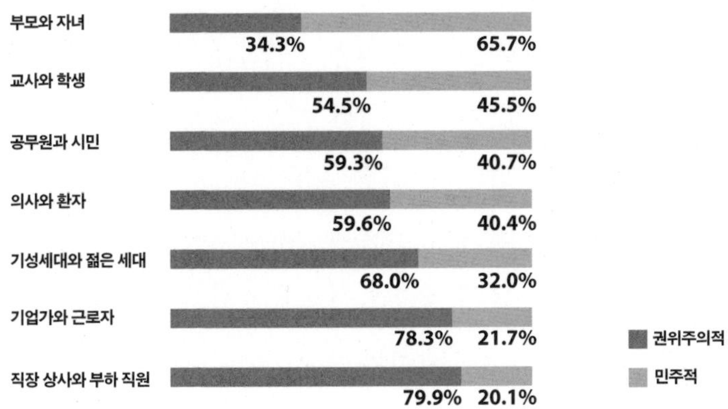

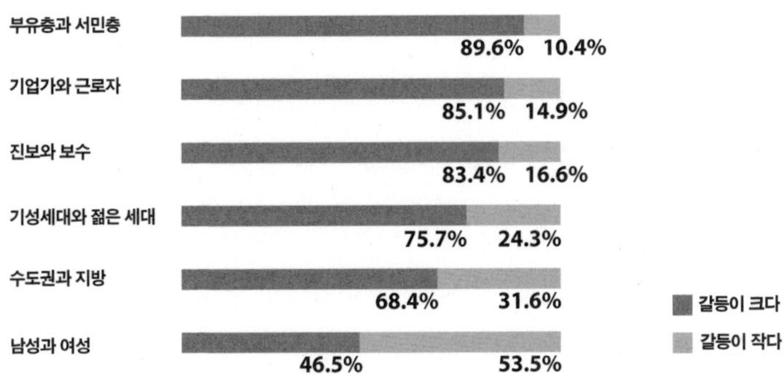

표 2 한국사회의 비민주화와 집단 갈등 유발 요인

조선일보, 한국갤럽, 글로벌마켓인사이트가 전 세계 10개 나라 5,190명을 대상으로 실시한 '행복 여론조사'(2011)

하다는 이유로 부당하게 무시당하고 차별당하는 것으로 인해서 상처받고 자존감에 손상이 일어나는 게 아닐까요? 저는 이러한 연구 결과를 살펴보면서 경제적 어려움이나 무능력함이 자기 비하나 낮은 자존감, 상대적 박탈감, 자기 존재에 대한 무가치함, 분노, 좌절 등의 심리적 어려움을 낳을 가능성이 높다고 보았습니다. 심하면 자살 행동으로 이끄는 주요한 통로로 작용할 수도 있겠다고 생각했습니다. 자존감의 손상, 즉 낮은 자존감이 자살 행동과 연결될 수 있지 않을까 하는 생각마저 들었습니다.

그런데 여기서 반드시 알아야 할 한 가지 중요한 사실이 있습니다. 지위를 이용한 갑질이나 우월감, 권위 의식과 같은 심리적 요인들은 알고 보면 모두 낮은 자존감에서 비롯된다는 사실입니다. 그들의 무의식 깊은 곳에는 자신에 대한 비천한 생각, 스스로를 존중하고 사랑하지 못하는 열등감이 자리하고 있습니다. 타자를 무시하고 업신여김으로써 자신의 우월감과 힘을 과시하고, 이를 통해서 자신이 잘났다는 사실을 확인하고 싶어 하는 불합리한 생각이 그들 내면에 자리하고 있다는 겁니다. 왜냐하면 진정한 자존감은 능력이나 소유 등을 근거로 한 상대적인 비교에서 오는 것이 아니기 때문입니다.

개인적 자존감과 집단적 자존감

자존감과 관련해서 자살에 관한 이야기를 꺼낸 김에 관련된 이야기를 좀 더 이어가겠습니다. 지금까지의 자존감 연구는 주로 개인적 차원에서 다루어져 왔지만, 저는 우리 사회의 문화적 특수성을 고려할 때 집단적 자존감도 충분히 연구해 볼 가치가 있다고 생각합니다. 앞에서 소개했듯이, 우리 사회는 지금 경제적 문제가 개인의 자존감에 중대한 영향을 미치고 있기 때문입니다.

아래 〈표3〉에서 보다시피, 돈과 관련된 한국인의 인식은 요즘 젊은이들 사이에 한창 유행하고 있는 흙수저, 금수저라는 말이 담고 있는 의미를 실감 나게 보여 줍니다. 표를 보면 부자들에 대한 한국인의 인식이 조사에 참여한 나머지 9개국의 평균과 매우 대조적입니다. 한국인 중 다수가 부자는 부모의 덕으로 그렇게 되었다고 믿지만(64.4%), 다른 나라 사람들은 그렇게 생각하지 않습니다(24.5%). 또 많은 한국 사람이 부자는 부패와 권모술수로 돈을 모았다고 생각하는 반면(57.6%), 나머지 국가에서는 소수만이 그렇게 여겼습니다(29.8%). 부자는 열심히 일한 결과로 부자가 되었다고 믿는 사람의 비율 역시 한국(34.5%)이 다른 나라(53.2%)에 비해 현저하게 낮았습니다.

이처럼 돈과 관련된 한국인의 부정적 인식은, 개인이 경제적 어려움을 겪을 때 다른 나라 사람에 비해 우리나라 사람이 가

'돈 많은 사람'에 대해 어떻게 생각하십니까

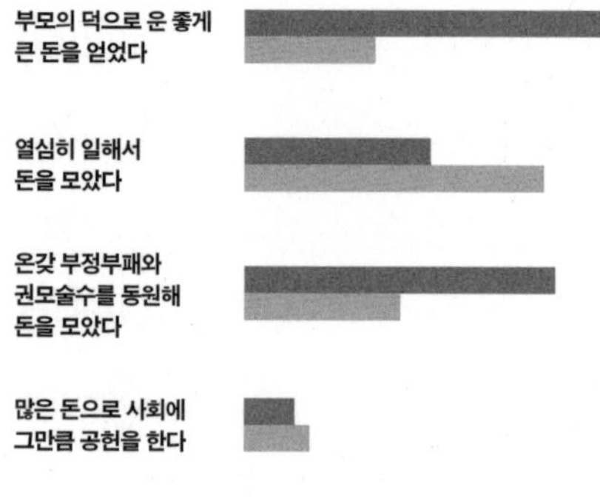
부모의 덕으로 운 좋게
큰 돈을 얻었다
열심히 일해서
돈을 모았다
온갖 부정부패와
권모술수를 동원해
돈을 모았다
많은 돈으로 사회에
그만큼 공헌을 한다

표 3 돈을 가진 사람들에 대한 인식

조선일보, 한국갤럽, 글로벌마켓인사이트가
전 세계 10개 나라 5,190명을 대상으로
실시한 '행복 여론조사'(2011)

난한 부모나 불평등한 사회, 세상을 향해 더 크게 분노할 가능성이 있음을 암시합니다. 그 결과 스스로 책임을 지고 긍정적으로 문제를 해결하기보다 쉽게 좌절하고 비관하며, 자살과 같은 극단적 선택을 할 확률이 높아질지도 모릅니다. 다시 말해서, 자신의 한계에 도전하고 더 열심히 노력함으로써 지금보다 나은 삶으로 나아갈 수 있다는 희망을 품기보다 부정부패와 부를 세습하는 현실의 벽에 압도당하기 쉽다는 겁니다.

이러한 이유로 개인적인 자존감만이 아니라 집단적 자존감에 대해서도 생각해 보지 않을 수 없습니다. 저는 부모나 대리모 역할을 해 준 사람들뿐만이 아니라, 돈과 관련된 우리 사회의 경제적·정치적·교육적 구조와 인식 또한 한국인의 자존감 형성과 발달에 지대한 영향을 미치고 있음을 말하고 싶습니다. 물론 자본주의 원리가 지배하는 글로벌 사회에서 돈의 가치를 과소평가할 사람은 아무도 없을 겁니다. 다만 상대적으로 우리나라 사람들이 돈으로 사람의 가치를 평가하는 데 익숙하다는 사실을, 즉 부의 많고 적음에 따라 타인을 대하는 태도가 달라지는 경우가 많음을 지적하고 싶습니다. 돈과 관련된 우리의 문화와 환경이 다른 나라에 비해서 개인의 기본 권리와 인권을 더 많이 침해하고, 나아가 건강한 자존감 형성과 발달을 저해하는 중요한 요소로 작용하고 있지 않나 하는 의구심이 듭니다.

불안의 시대, 남은 것은 자존심뿐

자존감 발달에 대한 이해를 돕기 위해 참고할 수 있는 또 다른 연구로는 매슬로의 욕구 단계 이론이 있습니다.

아래 표를 보면, 인간에게는 생리적 욕구가 먼저이고, 그것이 충족된 다음에 안전에 대한 욕구가 일어나며, 이어서 사랑과 소속감의 욕구가 생겨남을 알 수 있습니다. 그러고 나서 네 번째 단계에 이르러서야 자아존중감에 대한 욕구가 생겨납니다. 이 체계대로라면 웬만해서는 자존감의 영역으로 들어서기가 힘들 것 같습니다.

'헬조선'이라는 말을 들어 보았을 겁니다. 이 말은 지옥과 조선(대한민국)을 합성한 '지옥 같은 대한민국'이라는 뜻으로 청년들의 좌절과 분노, 불안을 드러내는 말입니다. 'N포세대'라는 말도 있습니다. 연애와 결혼, 출산 세 가지를 포기한 '삼포세대', 거기에 취업과 내 집 마련을 포기한 '오포세대', 인간관계나 미래에 대한 희망까지 포기한 '칠포세대' 등의 신조어를 포괄적으로 담고 있는 용어입니다. 이들 신조어는 무급 인턴, 88만 원 세대, 열정페이(최저 임금도 받지 못하는 청년들), 민달팽이 세대(열악한 주거 환경에 시달리는 청년들) 등의 용어와 함께 젊은 세대들이 당면하고 있는 정신적·사회적 상황을 단적으로 표현해 줍니다.

그런데 이러한 것들이 반드시 청년들만의 문제일까요? 저

매슬로의 욕구 5단계(Hierarchy of Needs)

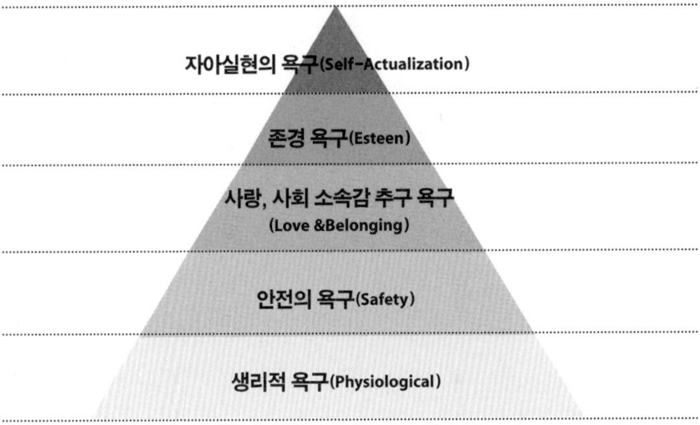

표 4

자아실현의 욕구(Self-Actualization)

성장, 잠재력 달성, 자기충족성,
자신이 될 수 있는 것이 되고자 하는 욕구

존경 욕구(Esteen)

자기존중, 자율성, 성취감 등 내적인 자존 요인과
지위, 인정, 관심과 같은 외부적인 존경 요인

사랑, 사회 소속감 추구 욕구(Love &Belonging)

애정, 소속감, 받아들여짐, 우정

안전의 욕구(Safety)

안전과 육체적 및 감정적인 해로움으로부터의 보호 욕구

생리적 욕구(Physiological)

먹을 것, 마실 것, 쉴 곳, 성적 만족, 그리고 다른 신체적인 요구는 그렇지 않다고 봅니다. 생존에 대한 위협과 불안, 사랑과 소속감의 결여는 현대인이 겪는 보편화된 심리적 위기 현상입니다. 요즘은 상황이 더 심각해졌습니다. 최근 전 세계를 강타한 코로나바이러스로 인해 앞으로 우리 삶이 어떻게 변해갈지, 그 후유증이 얼마나 많은 예기치 못할 상황을 불러오고 우리 생존을 위협하고 변화시킬지 짐작하기 어려운 상황입니다. 아마도 갈수록 더 많은 사람이 자기 몸을 지탱하는 데 필요한 생리적 욕구를 충족시키는 일에 어려움을 겪을 것이고, 안전을 위협받게 될 것입니다. 그런 환경에서는 사랑과 소속감 역시 불안해질 수밖에 없습니다.

말하자면 자존감에 대한 의식을 떠올리거나 주장하기에는 생존의 위협이 우리 곁에 너무 가까이 있습니다. 그러다 보니 우리는 상처 난 자존감, 손상된 자존감을 돌볼 겨를이 없습니다. 자존감이 가지고 있는 고유의 가치를 망각하고 상실한 나머지 적절한 돌봄을 받지 못한 자존감은 자존심으로 변질되어 열등감과 패배감, 또는 우월감에 사로잡히기 쉽습니다. 그래서 우리는 날마다 수시로 이런저런 사소한 일로 잘난 체하거나 반대로 자존심 상해하고, 자존심을 지키려고 온갖 애를 쓰면서 자존심 때문에 울고 화내고 좌절합니다. 일상이 살아남기 위한 투쟁으로 치달으면서 우리 의식의 심층에 내재된 자존감이 자각의 빛을 받지 못하고, 자존심이 그 자리를 대신하면서 갈수록 마음이 고단하게 지쳐갈 뿐입니다.

저는 여기서 자존감과 자존심을 구분해서 말했습니다. 실제로는 자존감과 자존심이 비슷한 의미로 사용되기도 하지만 개인적으로 구분해 본 것입니다. 자존감(自尊感)은 말 그대로 자신을 존중하고 사랑하는 감각, 느낌에 가깝다면 자존심(自尊心)은 자기를 존중하고 사랑하는 생각, 인식에 가깝다고나 할까요. 그러므로 자존감은 이성적 판단이나 비교·평가·계산과 같은 심리가 개입하기 이전에 일어나는 본질적이고 근원적인 성질인 반면에, 자존심은 판단·비교·평가·계산 등이 작용한 심리 상태입니다. 그런 의미에서 본다면, 우리가 흔히 자존감이라고 말하는 것들은 실제로는 자존심과 관련된 것들이라고 볼 수 있습니다. 이에 대한 구체적인 예를 잠시 후 함께 살펴보겠습니다.

생각이 바뀌면 자존감도 변한다

우리 내면에 건강한 자존감이 확고하게 뿌리 내려 있지 않을 때, 가장 두드러지게 나타나는 특징 가운데 하나가 자기 비난 또는 타자 비난입니다. 왜냐하면 자존감의 기능이 떨어질수록 자존심이 득세하게 되는데, 자존심은 불만족, 완벽주의, 과도하게 상대나 타자에게 맞추는 행동으로 나타나기 때문입니다. 또 타자의 비난이나 평가에 예민하게 반응하고 방어적인 행동과 말을 많이 하게 됨으로써 대인관계에서 불필요한 갈등이나 어려움을 유발할 가능성이 커지기 때문입니다.

그런데 누군가가 어떤 이유로든 자존감이 손상되어 정신적인 힘겨움을 겪고 있다면, 치유가 가능할까요? 가능하다면 어떤 방식으로 회복해야 할까요? 앞서 자존감은 자기를 존중하는 느낌, 감정이라고 말했습니다. 즉 자기 자신에 대한 가치를 주관적이고 정서적으로 평가하고 판단하고 믿는 태도입니다. 자존감은 자신에 대한 생각이나 느낌, 견해, 믿음이기 때문에 우리의 생각을 바꾸고 자기 자신에 대한 느낌이나 판단, 믿음을 바꾼다면 당연히 자존감도 변화하게 됩니다.

부처님은 '우리가 세상 속에 살고 있는 것이 아니라 세상이 우리 안에 살고 있다'고 했습니다. 우리가 자신에 대해서 가지고 있는 이미지나 개념은 있는 그대로의 객관적 실체가 아니라, 우리의 생각 속에 살고 있는 환영이라는 겁니다. 자신을 어떻게 생각하고 판단하고 믿는가에 따라서 자신의 존재 가치가 달라지므로 자신에 대한 판단이나 믿음, 태도를 바꾸면 된다는 얘기지요. 좋은 생각이든 나쁜 생각이든 어차피 생각에 불과하다면, 굳이 불건강한 생각으로 자신을 괴롭힐 필요가 없지 않겠습니까.

인본주의 심리학자인 칼 로저스(Carl Rogers)는 자신을 경멸하고, 사랑받을 가치가 없고 사랑받을 수 없는 존재라고 여기는 것이 모든 인간 문제의 근원이라고 말했습니다. 우리의 불행과 고통이 자기 자신에 대한 부정적이고 건강하지 않은 생각과 믿음에서 비롯되었다고 보기 때문에, 이것을 치료하기 위해서 상담자는 내담자를 향해 무조건 긍정적인 존중을 해야 한다고 주장합니다. 내담자는 치료자가 자기의 잠재력을 믿어 주고 조건없이 긍정적으로 자기 이야기를 경청해 주는 경험을 통해서 존중받는 느낌을 받게 되고, 그로부터 스스로에 대한 믿음과 자존감을 회복하게 된다는 것이 칼 로저스가 창시한 인간중심 치료의 핵심입니다.

자존감은 우월감이나 열등감이 아니다

구글에서 '높은 자존감'과 '낮은 자존감'을 주제어로 검색을 해 봤습니다. 예상대로 엄청난 양의 자료들이 있었는데, 그 가운데 몇 가지 이미지를 골랐습니다. 다음 그림을 함께 봅시다.

거울 앞에 오리가 서 있습니다. 그런데 거울에 비친 모습이 오리가 아니라 백조입니다. 그렇다면 이 그림은 자존감이 높은 예에서 발견한 걸까요, 아니면 낮은 자존감의 예에서 발견한 걸까요? 네, 맞습니다. 자존감이 높은 예에서 발견한 그림입니다.

이번에는 다른 그림을 한번 보겠습니다. 거울 앞에 서 있는 남자와 거울 속에 비친 남자의 모습을 비교해 보기 바랍니다. 어떤가요? 이 남자는 자기 자신을 실제보다 훨씬 더 뚱뚱하고 못생기게 보고 있습니다. 자신을 아주 많이 평가절하하고 있는 모습입니다. 이미 짐작하셨겠지만, 이 그림은 자존감이 낮은 예에서 발견한 것입니다.

이번에는 고양이 그림을 볼까요. 고양이가 자신을 사자로 보고 있지요. 자존감이 높다 못해 거의 환상, 망상 수준입니다. 재미있지요?

다음은 휠체어에 앉아 있는 할머니 그림입니다. 그림자로 비친 모습은 아주 아리따운 젊은 아가씨가 발레를 하는 모습입니다. 당연히 자존감이 높은 예를 보여 주는 곳에서 발견한 그림

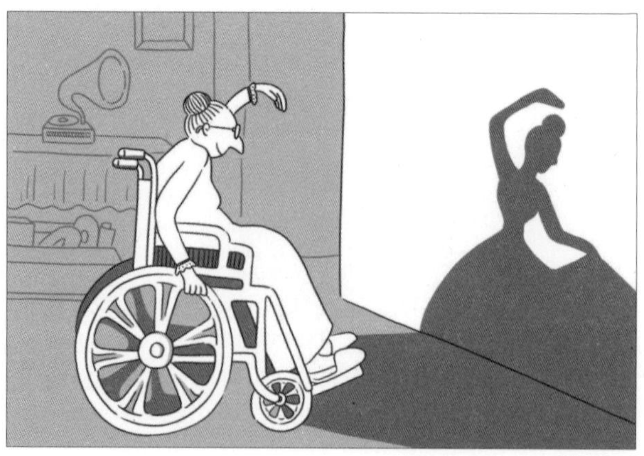

입니다. 처음에 이 그림들을 보고 아주 많이 웃었습니다. 아무리 자존감이 자신에 대한 주관적인 평가고 믿음이라지만, 사실과 달리 무조건 좋게 본다고 해서 자존감이 높다고 하는 건 좀 이상합니다. 불교에서는 이런 경우를 자존감이 높다고 말하지 않고 망상이라고 말합니다. 서양 심리학과 달리 불교심리학에서는 자존감이 높을수록 뭔가를 더 보태거나 빼지 않고, 자기를 있는 그대로 정확하게 인지하고 수용하는 능력이 높다고 봅니다. 그런데 구글에서 발견한 자존감과 관련된 이미지들은 상대적으로 비교하고 평가해서 상대방보다 우월하다고 생각하면 자존감이 높고, 반대로 열등하다고 생각하면 자존감이 낮은 것으로 여기는 경우가 대부분이었습니다.

실제로 우리 대부분은 남과 비교해서 자기 능력이 평균 수준에 속할 때 자존감이 높아지지 않습니다. 연구에 의하면 뭔가 남보다 뛰어날 때 자존감이 높아진다고 합니다. 그것은 자존감이라기보다 우월감이나 자신감으로 표현하는 것이 더 정확하다고 봅니다. 반대로 남보다 뒤지거나 평균 이하로 평가받게 되면 자존감이 낮아진다고 합니다. 그것은 열등감이나 자신감의 결여, 패배, 실패감으로 보는 것이 어쩌면 더 어울리는 표현이 아닌가 합니다. 우리가 흔히 알고 있는 자존감에 대한 개념은 생존하고 경쟁해야 하는 사회와 교육 환경 아래서 다분히 잘못 인식

되어 온 것이라 여겨집니다.

비교하고 경쟁해서 내가 남보다 나을 때 자존감이 높아지는 것이라면, 자존감이 높다고 해서 반드시 좋은 것도 아니지 않을까요? 자존감을 높이기 위해서 끊임없이 숨차게 비교하고 경쟁해야 할 뿐 아니라, 상대적으로 좋은 평가를 받기 위해서 타자의 평가에 신경 쓰고 예민해져야 할 테니까요. 그뿐만이 아닙니다. 나보다 더 낫다고 여기는 상대를 질투하고, 심하면 모함하고, 반대로 무시하거나 함부로 대하는 갑질과 학대가 등장합니다. 그렇게 되면 주객이 전도되어 자존감을 높이기 위해서 하는 행위가 오히려 자존감을 더 낮아지게 만드는 결과를 낳게 될 겁니다.

불교심리학의 관점에서 보면, 우리가 일반적으로 알고 있는 자존감은 진정한 자존감이 아닙니다. 심리학자 크리스틴 네프(Kristin Neff)는 자존감이 타자와 비교하는 것에 바탕을 두고 성공을 조건으로 하는 경향이 있다고 말합니다. 그래서 높은 자존감을 가지려면 남보다 특별히 뛰어나거나 평균 이상이 되어야 하는데, 여기에 문제가 있다고 했습니다. 만일 그러한 심리학적 기준을 따른다면, 우리는 실패나 개인적인 약점 앞에서 항상 자존감이 낮아야 할 뿐만 아니라 비교 대상에 따라서 자존감이 우월감과 열등감으로 변질될 수 있기 때문입니다. 진정한 자존감은 우월감이나 열등감과 같은 불건강한 정신적 특질과는 아주 거리가 먼 다른 차원의 것입니다.

네프는 자기연민과 자존감을 비교하면서 자존감의 문제를 지적합니다. 유튜브에도 소개되어 있는 유명한 연구입니다(〈The Space Between Self-Esteem and Self Compassion: Kristin Neff at TEDxCentennialParkWomen〉). 자존감의 관점에서 보면, 자기 자신에 대해 기분이 좋아지기 위해서는 남보다 더 나아지려고 애써야 합니다. 항상 평균 이상으로 특별하게 느껴야 하는데, 이것이 현실적으로 가능한 얘기냐는 것이지요. 그리고 기대만큼 결과가 따라오지 않고 실패했을 때는 어떻게 하느냐는 겁니다. 연구에 의하면 여성의 경우, 신체적으로 얼마나 매력적인지가 자존감에 가장 큰 영향을 미친다고 합니다. 이 말은 나이가 들면서 늙고 병들면 자존감이 떨어지게 된다는 말과 같습니다. 만일 그렇다면, 나이가 들면서 손상되는 자존감을 치료하는 일이 사회적으로 심각한 문제가 될 것입니다.

우리는 흔히 "어머 젊어 보여요. 예뻐요. 오늘은 더 예쁘네요"처럼 영혼이 담기지 않은, 기분 좋은 말들을 습관처럼 내뱉습니다. 그런데 그런 말을 듣고 자존감이 실제로 올라갈까요? 스님들은 맑아 보인다고 하면 상당히 기분 좋아합니다. 그것이 진심이든 아니든, 우리가 남들로부터 듣고 싶어 하는 말을 자주 듣는다면 물론 기분이 좋겠지요. 낮은 차원의 자존감이 올라가기도

할 겁니다. 그러나 엄밀히 말하면 환상이고 망상입니다. 자칫 심해지면 자아도취와 자존감을 혼동할 수도 있습니다.

사회심리학 연구들에 의하면, 아부는 상대가 아부하는 것인 줄 알면서도 통한다고 합니다. 그러나 타자의 인정과 칭찬은 지속력이 떨어지는 낮은 수준의 자존감입니다. 자기 내면이 아니라 외부로부터 오는 칭찬이나 인정은 뿌리가 없습니다. 진짜가 아닙니다. 외부로부터 오는 칭찬이나 인정은 언제든지 비난이나 부정으로 바뀔 수 있기 때문입니다. 그와 같이 진정성이 없는 말들은 음미할 수 없기 때문에 반복되면 지루해지고 마음의 양식이 되지 못합니다. 각종 방송 프로그램에서 경쟁하듯 끝없이 새로운 신조어를 만들어 내고, 점점 더 자극적인 말과 사건을 만들어 내는 이유도 여기에서 찾을 수 있습니다.

우리가 아무리 학력과 지위, 돈과 외모 등을 좇으면서 신경증적인 욕구를 발달시키더라도, 자신의 존재감을 드러내고 타자의 인정과 사랑을 얻기 위해 노력한다고 해도, 종국에는 허무와 공허감만 더해 가게 됩니다. 진짜 자존감은 명예나 돈과 같은 조건과 관계없이 그냥 있는 그대로 자신을 사랑할 때 생겨나는 것이기 때문입니다. 진정한 자존감은 자기 자신을 스스로 인정하고 존중하고 사랑할 때 가능한 것입니다. 그렇다면 어떻게 자기 자신을 사랑하고 존중할 수 있을까요?

사랑하려면 고통과 접촉하라

자아초월 심리학자로 유명한 프랜시스 보건(Frances Vaughan)은 미국 캘리포니아 지역에서 오랫동안 다양한 문화와 전통을 가진 이주민을 포함해서 수많은 사람을 상담했습니다. 그는 폭넓은 상담 경험을 통해서 사람들 사이에 존재하는 한 가지 공통점을 발견했습니다. 동서고금을 막론하고 대부분 사람이 겪는 고통은, 사랑하고 사랑받고 싶은데 그것이 마음대로 되지 않는 데서 비롯된다는 것입니다. 실제로 대중가요나 드라마, 영화 등을 봐도 사랑을 주제로 한 내용이 압도적이라는 사실을 쉽게 확인할 수 있습니다. 왜일까요? 왜 우리는 사랑하는 일이 그토록 힘들까요?

이유는 간단합니다. 우리는 사랑을 원하지만, 고통은 원하지 않기 때문입니다. 또 사랑을 원하기 때문에 사랑이 아닌 것을 거부합니다. 그런데 실제로는 어떤가요? 사랑해 본 사람은 모두 경험이 있을 겁니다. "사랑은 사랑이 아닌 모든 것을 드러낸다"라는 말의 의미를 말입니다. 사랑하는 사람들은 미움, 실망, 배신 등 사랑과 반대되는 무수한 경험을 합니다. 세상에 사랑이라는 이름으로 고통받는 이들이 얼마나 많습니까?

빛을 알기 위해서는 어둠을 알아야 하고, 옳은 것을 알기 위해서는 옳지 않은 것을 알아야 합니다. 긴 것은 짧은 것을 통해서 알고, 더러운 것은 깨끗한 것을 통해서 알고, 선은 악을 통해서, 악은 선을 통해서 알게 됩니다. 그렇게 비교하고 분류하고 대조해서 인식하는 것이 우리가 아는 방식이기 때문입니다.

고통으로부터의 해방을 수행의 중요한 목표 가운데 하나로 여기는 불교에서는 고통의 문제를 아주 광범위하게 다룹니다. 불교에서는 인간이 태어나면서 겪어야 하는 기본적인 고통을 주로 여덟 가지로 가르칩니다. 우선 신체적으로 겪는 고통으로 생로병사(生老病死) 네 가지가 있습니다. 그리고 정신적인 고통으로 애별리고(愛別離苦, 사랑하는 사람과 헤어져야 하는 데서 오는 고통), 원증회고(怨憎會苦, 싫어하는 사람과 함께 있어야 하는 데서 오는 고통), 구부득고(求不得苦, 이루고 싶은 것을 이루지 못하는 데서 오는 고통)가 있습니다. 마지막으로 신체적인 고통과 정신적인 고통이 결합된 오음성고(五陰盛苦)가 있습니다. 오음성고에서 오음은 오온(五蘊, 다섯 가지 무더기), 즉 '나'라고 하는 존재를 구성하는 신체적 요소인 색온(色蘊, 몸, Body)과 정신적 요소인 수온(受蘊, 느낌, Feeling), 상온(想蘊, 생각, Perception), 행온(行蘊, 의도, Intention), 식온(識蘊, 의식, Consciousness)의 네 가지 요소를 의미합니다. 따라서 오음성고는 몸으로 겪는 네 가지 고통과 마음으로 겪는 세 가지 고통을 통틀어서 말합니다.

누구든지 진실로 사랑하고 싶다면 몸과 마음으로 겪는 이

고통들과 먼저 접촉할 수 있어야 합니다. 그러고 나서 그 고통의 자리에 사랑으로 머물 수 있어야 합니다. 진정한 사랑은 항상 고통과 함께 버무려져서 연민심으로 꽃피우게 되어 있습니다. 자신의 고통과 접촉하고 사랑으로 머무르면, 그곳에는 자기연민(Self-Compassion)의 꽃이 피어납니다. 타자의 고통과 접촉하고 사랑으로 머무르면, 거기에는 타자연민의 꽃이 핍니다.

내면의 고통과 접촉하는 길

고통과는 어떻게 접촉할 수 있을까요? 고통에는 크게 두 종류가 있습니다. 하나는 나와 관계된 고통이고, 다른 하나는 타자와 관련된 고통입니다. 여기서는 나의 고통에 초점을 맞추어 보겠습니다. 우리를 괴롭히는 고통에는 어떤 것들이 있을까요? 내면의 평화와 행복을 방해하는 것들은 모두 고통이겠지요. 강박관념, 두려움, 위선, 스트레스, 실직, 사랑하는 이의 죽음, 공포, 만성적 질병, 우울, 질투, 불안, 집착, 중독 등은 모두 우리의 선한 의지를 갉아먹는 고통입니다.

저는 자아초월 심리치료의 일환으로, 이런 고통들과 접촉하는 방법으로 '내 안의 마구니 길들이기(Feeding Your Demons)'와 '그림자 작업(Shadow Work)'이라는 이름의 집중 워크숍을 진행해 왔습니다.

마구니 길들이기는 11세기 초에 티베트 비구니 스님인 마칙 랍드론(Machig Labdrön)에 의해서 최초로 개발되었고, 미국 여성 수행자인 출트림 앨리온(Tsultrim Allione)에 의해서 현대인에게 맞게 리모델링된 프로그램입니다. 이 프로그램은 공(空) 수행을 근간으로 하고 있습니다. 마칙은 내면의 완전한 자유를 방해하는 모든 것을 마구니로 규정하고, 그러한 내면의 적들과 싸우는 대신 이들을 길들이는 명상법을 개발했습니다. 이후에 출트림이 보다 구체적이고 현대적인 방식으로 명상법을 가다듬어서 마구니를 형상화하고 이들과 대화하면서 길들이는 과정을 5단계(발견-별명 붙이기-마구니 활동기와 잠재기 탐색-마구니 비/조력자 탐색-마구니 길들이기) 수행법으로 개발했습니다.

한편 그림자 작업은 미국의 베스트셀러 작가이자 강연자인 데비 포드(Debbie Ford)가 "그림자란 우리가 되고 싶지 않은 그 사람"이라고 말했던 융(C.G. Jung)의 그림자(Shadow) 개념을 바탕으로 개발한 프로그램입니다. 그림자는 사회화 과정과 인간관계 속에서 무시받거나 인정받지 못하고 억압되어 있는 성격 부분들입니다. 우리는 그러한 자신의 일부를 인정하거나 수용하지 못하고 남들이 알까 봐 불안해하고 두려워합니다. 또한 그런 자신을 수치스러워합니다. 그런데 숨기고 거부할수록 우리가 인정하고 싶지 않은 그 모습이 그림자처럼 우리를 따라다니면서 의식·무의식적으로 우리를 괴롭힙니다. 그래서 그림자 작업에서는 우리 내면에 마구니처럼 존재하는 그림자를 추적해서 이를 드러내고 인정하고 받아들이는 치유 작업을 이론과 실습을 겸해서 합니다. 아울러 그림자가 가지고 있는 긍정적인 측면을 새롭게 인식하고, 자신이 원하는 모습과 원하지 않는 모습 모두를 수용하고 통합함으로써 하나의 전체적 인간으로 성장하도록 돕습니다.

'마구니 길들이기'나 '그림자 작업'은 둘 다 내적인 갈등과 이원성을 극복하고 전체적 인간으로 통합되는 것을 목표로 삼습니다. 마구니와 그림자는 우리의 일부로서 무의식적으로 작용하기 때문에 우리가 의식적으로 자각하고 직면하지 않으면 삶이 온통 마구니와 그림자에 의해 조종당하게 됩니다. 이들은 우리 내면에서 계속해서 문제를 발생시키고 고통을 야기하는 장본인입니다. 따라서 이들과 접촉하는 것이 곧 내면의 고통과 접촉하는 길입니다. 오랫동안 인정하고 싶지 않았던 자신의 일부(마구니, 그림자)를 배척하거나 부정하지 않고, 그들의 이야기를 들어 주고 사랑으로 포용함으로써 자기를 향한 연민의 꽃을 피우게 되는 것입니다. 이 외에도 고통과 접촉하는 명상 수행법은 무수히 많습니다.

왜 나는 나를 사랑하는 게 힘들까

그런데 궁금하지 않나요? 소위 만물의 영장이라고 하는 인간이 어째서 자기 자신을 사랑하는 일에 그렇게 어려움을 겪을까요? 자기를 사랑하고 존중하는 것은 너무나 당연하고 자연스러운 일 같은데, 왜 수많은 사람이 그러지 못하고 온갖 자학과 중독, 불안, 우울 등으로 스스로를 내몰까요?

저는 그 이유를 크게 두 가지로 생각해 봤습니다. 하나는 사랑받고 존중받은 경험이 절대적으로 부족해서가 아닐까 합니다.

제가 초등학교에 다닐 때 수업료를 제때 내지 않은 아이들을 담임 선생님이 공개적으로 이름을 불러서 모두가 보는 앞에서 손바닥을 때렸습니다. 심지어 부모님에게 수업료를 받아 오라고 집에 돌려보내기도 했습니다. 뿐만 아니라 학년이 바뀔 때마다 가정 환경을 조사한답시고 담임 선생님이 집에서 신문을 정기구독하는 사람, 집에 TV 있는 사람, 친부모가 아닌 사람 손 들어 보라고 하는 등 그야말로 상상하기 힘든 저급한 환경에서 교육받고 비교당하면서 자랐습니다. 어떤 선생님은 성적이 떨어지면 1점에 한 대씩 때리기도 했습니다. 또 성적 순서대로 자리를 배정하기도 했습니다. 담임 선생님에게 선물을 주는 부잣집 아이들은 단체 벌에서 제외되는 등 선생님으로부터 더 많은 관심과 애정을 받으면서 다양한 형태로 특별 대우를 받았습니다.

그러한 차별이 얼마나 부당하며 잘못된 것인가를 판단할 능력조차 없을 만큼 불건강한 교육 문화와 환경에서 자란 세대에는 돈이나 성적과 관련해서 엄청난 상처와 트라우마가 있습니다. 내면에 그로 인한 무의식적 상처가 온몸과 세포에 새겨져 있습니다. 그런 환경에서 자라다 보니 알게 모르게 자기 가치에 대한 굴욕감과 수치심을 갖게 되었고, 물질이나 경제적 수준을 자존감과 결합시키게 되었습니다. 그래서 실제로는 고양이이면서 돈이 많으면 마치 사자라도 된 양 착각하고 환상과 망상에 빠져 살게 되었습니다. 그리고 상대에 따라서 필요 이상으로 우쭐대거나 기가 죽는 경향이 있습니다. 그러다가 무의식에 자리 잡은 연약한 진짜가 의식을 건드리면, 현실의 약자를 괴롭히고 학대함으로써 자신의 약함을 방어하고 숨기려고 하는 것인지도 모르겠습니다. 또 사랑과 인정을 받기 위해서 물질적 공세를 하는 경향이 있습니다. 그것이 전통적인 품앗이의 미풍양속을 오늘날 피라미드 형태의 조공 문화, 즉 가난한 자가 부자에게 선물을 주는 이상한 풍토로 변질시켜 버렸는지도 모릅니다.

한편 자기 자신을 사랑하지 못하는 또 다른 이유는 우리가 생존을 위해서 진화해 왔다는 데 있습니다. 다시 말해서, 우리는 행복과 웰빙을 위해서 몸과 마음을 사용해 온 것이 아니라 경쟁에서 살아남기 위해서 그것들을 사용해 왔다는 겁니다. 그 결과 작은 실패나 실수에 대해 자신을 위로하거나 수용하기보다 비난하고 스스로에게 친절하지 않게 되었다는 것이지요. 왜일까요? 반복해서 실수하지 않으려는 마음이 크기 때문입니다. 그로 인해 우리는 작은 잘못이나 실수에도 지나친 죄책감과 수치심을 느끼게 되었고, 자연히 자아존중감도 떨어지게 된 것입니다.

뇌 연구자들은 인간의 뇌가 자아 감각을 창조하고, 자아를 위협하는 과거와 미래를 조사하도록 배선되어 있다고 말합니다. 연구자들은 인간이 휴식 중일 때 활동하고 일하고 있을 때는 활동하지 않는 뇌의 영역을 발견했는데, 이를 불이행 모드 네트워크(Default Mode Network)라고 이름 붙였습니다. 불이행 모드 네트워크는 이마 위쪽에서 뒤쪽으로 이어지는 뇌의 중간 부분에 위치해 있습니다. 이 부위는 우리가 할 일 없이 가만히 있을 때 고도로 활성화된다고 합니다. 평소 뭔가에 집중하고 있지 않으면 마음이 떠돌게 되는 것도 바로 뇌의 이 부분 때문이라고 합니다. 불이행 모드 네트워크는 주로 세 가지 작용을 하는데, 첫째 '나'라고 하는 자아 감각을 창조하고, 둘째 창조한 자아를 과거나 미래 속으로 끊임없이 투사하고, 셋째 자아를 위협하는 문제가 없는지 살피는 작업을 합니다. 이런 작업을 반복하는 이유는 우리 뇌가 행복을 위해서가 아니라 생존을 위해서 작동하도록 구성되어 있기 때문이라는 겁니다. 따라서 자존감은 자아 감각을 창조하고, 그것을 보호하고 지키려는 불이행 모드 네트워크의 작용과 밀접하게 관련되어 있다고 볼 수 있습니다.

진화적 산물의 또 다른 특징으로 우리는 칭찬에 인색한 경향이 있습니다. 잘한 것에 대해서 칭찬하기보다 뭔가 잘못하거나 실수한 것이 없는지 살피는 습관이 점점 강화되어 왔습니다. 긍정적인 것보다 부정적인 것에 더 많은 주의를 기울이는 성향 또한, 궁극적으로는 생존을 위해 우리 자신을 보호하려는 선한 의도에서 비롯된 것임은 두말할 필요 없습니다.

칭찬에 인색한 경향에 관한 예를 들어 볼까요. 오랜만에 친구들과 만나서 백화점 쇼핑도 하고 맛있는 점심도 함께 먹었다고 해 봅시다. 백화점에 가서 여러 매장을 둘러볼 때 모두가 친절했는데 딱 한군데서 불친절하게 대해서 기분이 나빴다면, 우리는 어떻게 하나요? 친절하게 대했던 여러 매장을 기억하거나 칭찬하기보다 기분을 나쁘게 했던 그 한 매장을 기억하고 불평합니다. 이것을 신경심리학자 릭 핸슨(Rick Hanson)은 "우리는 부정적 정서에는 찍찍이(테이프)처럼 달라붙고 긍정적 정서에는 테프론(눌어붙지 않는 코팅)처럼 미끄러진다"라고 표현했습니다.

실제로 우리가 평소에 하는 행동이나 감정 상태를 들여다보면 그렇지 않나요? 때로는 열 가지 중에 아홉 가지를 잘하고도 한 가지 잘못한 것으로 인해 오랫동안 욕을 먹거나 원망을 듣기도 합니다. 이처럼 우리는 긍정적인 경험보다 부정적인 경험에 더 많은 주의를 기울이도록 진화되어 왔기 때문에 균형 있는 자각을 발달시키기 위해서 긍정적 경험에 의도적으로 주의를 기울여야 할 필요가 있습니다.

한국의 불자들이 많이 독송하는 경전 가운데 하나인 『천수경』에 보면 정구업진언(淨口業眞言), 입으로 지은 행동을 참회하는 '수리수리 마하수리 수수리 사바하'라는 만트라가 있습니다. '거룩하십니다. 거룩하십니다. 참으로 거룩하십니다'라는 뜻입니다. 무슨 의미일까요? 왜 말로 지은 잘못을 참회하는 방법으로 상대를 칭송할까요? 그만큼 우리는 평소에 좋은 말, 착한 말과 칭찬보다는 흉을 더 많이 보고 나쁜 말을 더 많이 한다는 뜻이 아닐까요? 실제로 우리가 하루 동안 하는 말을 자세히 자각해 보면 긍정적인 말보다 부정적인 말을 더 많이 한다는 걸 알 수 있습니다. 그래서 말로 한 잘못을 진실로 반성하고 참회하는 방법으로 좋은 말, 칭찬하고 존중하는 말을 함으로써 균형을 맞추고 긍정으로 부정을 상쇄시키는 겁니다. 물론 우리가 하는 말의 대부분은 긍정·부정을 떠나서 궁극적으로는 자신을 보호하고 잘 돌보려는 의도에서 나온 것입니다. 그렇다고 그 결과가 반드시 효과적이지는 않습니다.

정리하면, 우리는 사랑받고 존중받는 경험이 부족한 사회적·문화적·교육적 환경에서 성장해 왔기 때문에 자존감에 심한 외상을 입었습니다. 이에 대한 치유가 필요합니다. 또한 생존을 위한 진화적 요구가 우리로 하여금 삶의 긍정적 측면보다 부정적인 문제를 향해 더 많이 주의를 기울이도록 함으로써 부정적 편견을 키워 왔기에 균형 있는 자각을 발달시키기 위한 노력이 필요합니다. 자기 자신을 사랑하고 존중하는 방법을 의도적으로 학습할 필요가 있다는 것입니다.

음미하고 감사하고 감사하라

마음챙김 자기연민(MSC, Mindful Self-Compassion) 프로그램에서는 우리가 가지고 있는 부정적 편견을 교정하는 방법으로 세 가지 습관을 기를 것을 가르칩니다.

첫째는 음미하기입니다. 음미는 현재 순간의 긍정적 경험에 대한 마음챙김입니다. 음미는 삶에서 긍정적 경험을 알아차리고 거기에 머무는 역량을 의미합니다. 이를테면 먹기 명상이나 감각하고 음미하면서 걷는 걷기 명상이 좋은 예가 될 수 있습니다. 차 한 잔을 마실 때나 케이크 한 조각을 먹을 때 그냥 먹어 치우는 것이 아니라 천천히 그 맛과 냄새를 음미하고 알아차리면서 먹는 것을 의미합니다. 음악을 감상할 때도 마찬가지입니다. 소리와 우리 귀가 맞닿는 그 순간의 감각을 자각하면서 음미하는 것입니다.

두 번째 방법은 감사하기입니다. 감사는 삶이 우리에게 주는 좋은 것들에 대해서 감사하는 것을 의미합니다. 만약 우리가 원하는 것이나 부족한 것, 가지고 있지 않은 것에만 초점을 맞춘다면 우리 마음은 끊임없이 갈망하고 부정적인 마음 상태에 머물게 될 겁니다. 최근 몇 년간 저는 휴대전화 메신저를 통해서 매일 세 가지씩 감사할 것들을 적는 감사명상을 실습하고 있습니다. 수시로 참가자들의 글을 읽어 보는데, 굳이 심리검사지를 통해서 알아보지 않더라도 삶에 대한 그들의 만족감과 행복감이 커지고 있음을 충분히 느낄 수 있습니다. 이렇듯 감사는 긍정적 정서를 생성시키는 힘을 가지고 있습니다. 실제로 감사 훈련이 웰빙을 증진시킨다는 연구 결과가 많이 있습니다.

마지막 세 번째 방법은 자기감사입니다. 우리 대부분은 자기에게 감사하는 습관이 거의 없습니다. 좋은 점은 당연하게 받아들이고, 부정적인 측면에만 초점을 맞추는 경향이 있습니다. 우리는 칭찬받을 때 마음이 튕겨 나가고, 조금이라도 부정적인 피드백을 받으면 거기에 고정되고 맙니다. 앞서 인용했던 릭 핸슨의 말을 다시금 떠올려 보기 바랍니다. 간혹 자기에게 감사하는 것이 이기적이거나 자아도취가 아닐까 염려하는 사람이 있는데, 자기에게 감사하는 것은 남보다 내가 더 잘나서가 아닙니다. 누구나 잘난 점과 못난 점을 가지고 있고 또 완벽하지 않지만, 각자 나름의 아름다운 특질을 가지고 있기에 그 점에 대해서 감사하는 것입니다. 자기에게 감사할 줄 아는 사람일수록 남을 더 잘 돌보고, 이타적으로 행동할 수 있는 정서적 자원과 자기 확신을 많이 가지고 있다는 연구 결과도 있습니다.

불교심리학의 관점에서 보면 감사는 일종의 지혜 훈련입니다. 지혜는 연기적 관계, 즉 모든 것이 어떻게 상호의존적으로 발생하는가에 대한 이해입니다. 감사하기를 실천하다 보면 크고 작은 모든 존재와 작용들이 내 삶에 공헌하고 있다는 사실을 발견하게 됩니다. 또 자기감사를 통해서 내가 가진 좋은 특질들이 알고 보면 수많은 인연의 도움으로 일어난 것임을 깨닫게 됩니다. 이처럼 부정적 편견을 교정함으로써 행복을 배양하는 습관을 기르고, 이를 통해서 보다 본질적이고 근본적인 방법으로 자존감을 향상시킬 수 있습니다.

나를 잊을수록 세상과 더 친해진다

마음 수행을 하는 사람들은 흔히 '도를 닦는다', '도를 깨친다'라는 말로 수행하는 목적을 표현합니다. 그런데 여기서 깨닫고자 하는 것이 구체적으로 무엇인가요? 부처님이 보리수 아래에서 새벽 별을 보면서 깨친 것이 한마디로 무엇이었나요? 연기(緣起)입니다. 모두가 다 연기적 존재라는 진리를 깨달은 겁니다. 연기적 존재라는 뜻은 상호의존적으로 발생하고 소멸한다는 의미고, 우주의 모든 존재가 하나로 연결되어 있다는 뜻입니다. 다시 말해서 어떤 것도 스스로 독립적으로 존재할 수 없다는 것입니다.

연기의 관점에서 보면 자존감이 높다든지 낮다고 하는 생각 자체가 무의미합니다. 자존감이 높고 낮다는 개념 자체가 어리석고 미혹한 탓에 생겨난 것입니다. 좀 더 솔직하게 말하면, 남과 비교해서 자존감이 높다거나 낮다고 느끼는 것 자체가 자신과 상대를 이원적이고 분리된 존재로 보는 어리석음과 교만입니다. 진정한 자존감은 연기적 존재로서 자기의 실체를 깨닫는 것이며, 자존감의 높고 낮음으로부터 자유로워지는 것입니다. 연기에 대한 올바른 이해야말로 상처받은 자존감을 완전하게 치유하고 회복할 수 있는 유일한 방법입니다.

모두가 연기적 존재라는 사실은 우리가 알든 모르든, 우리의 인정 여부와는 관계가 없습니다. 진리니까요. 다만 우리의 생각과 말, 행위, 인간관계가 연기의 이치에 맞게 행해진다면 그만큼 자존감 문제로부터 근본적으로 자유로워질 겁니다. 자존감은 자기를 다른 사람과 비교해서 더 잘났다거나 더 못났다고 생각하는 데서 비롯되는 것인데, 연기적 관계는 비교해서 우열을 가리거나 판단하는 것이 아니기 때문입니다. 그러니까 우리가 우열이나 상·하의 관계가 아니라 서로 의존적이고 평등한 관계에 있다는 사실을 알면 자존감의 문제는 사라진다는 것이지요.

그렇다면 어떻게 하는 것이 연기적으로 존재하는 걸까요? 인간관계에서 연기적으로 관계하며 행위한다는 것이 구체적으로 무엇을 의미하는 걸까요? 한마디로 모든 관계에서의 소통을 의미합니다. 소통은 일방적, 자기중심적이라는 말과 반대되는 말입니다. 양방적이며 상호중심적인 것을 의미합니다. 또한 완벽하게 연기적이라는 것은 완벽하게 에고가 작용하지 않는다는 뜻입니다. 에고가 작용하지 않을수록 완벽하게 소통할 수 있으니까요. 이 말의 의미를 일본의 도겐(道元) 선사가 남긴 명언 "불교를 공부한다는 것은 자기에 대해 공부하는 것이고, 자기에 대해서 공부하는 것은 자기를 잊는 것이며, 자기를 잊는 것은 만물과 친해지는 것이다"라는 말을 통해서 좀 더 깊이 음미해 볼 수 있습니다. 연기적으로 존재한다는 것의 또 다른 의미는 전체성의 회복입니다. 생존의 여정에서 우리의 마음은 끊임없이 선과 악을 창조하면서 '좋은 나'와 '나쁜 나'를 분리하고 이원성 속에서 갈등하게 만듭니다. 그리고 나쁜 나를 남이 알까 봐 두려운 나머지 이를 숨기고 억압하는 데 무의식적으로 많은 에너지를 소모합니다. 한편으로는 좋은 나를 드러내느라 애씀으로써 진짜 자신과 멀어지는 어리석음을 범하게 합니다.

인간은 완벽하지 않으며 누구나 장단점을 가지고 있음에도 자신의 부족함을 인정하거나 수용하지 않고 부정하는 경우가 많습니다. 그러면 어떻게 될까요? 종국에는 자존감이 떨어질 겁니다. 또 나쁜 나를 억압하고 부정하면, 일상의 인간관계에서 만나는 사람들을 거울로 삼아 내 안의 나쁜 나를 비추어 보게 됩니다. 그것을 심리학적 용어로 '투사'라고 합니다.

'내 안에 없는 것은 보이지 않는다'는 말이 있습니다. 타자에게서 단점을 보든 장점을 보든, 그것은 반드시 우리 내면에 내재된 특질입니다. 그러므로 타자에게서 어떤 특질을 발견하면, 그것을 지나치게 좋아하거나 싫어하기에 앞서서 '아! 내가 나의 내면을 보지 못하기 때문에 상대를 통해서 나의 내면세계가 비추어진 것이구나!' 하고 알아차리는 것이 매우 중요합니다. 그런 다음 나쁜 나와 좋은 나를 차별 없이 수용하고 포용함으로써 이원성을 극복하고 전체성을 회복해야 합니다. 진정한 자존감은 바로 이와 같은 이원성을 극복하는 데서 생겨나기 때문입니다.

인간적인 마음 상태에 머물기

주변을 한번 둘러보세요. 어떤가요? 모두가 인간으로 보이나요? 육체적 수준에서는 우리 모두 인간이 맞습니다. 그러나 우리의 정신세계도 인간일까요? 불교심리학에서는 정신적 차원에서 우리가 매 순간 여섯 가지 정신세계인 육도(지옥, 아귀, 축생, 아수라, 인간, 천상)를 윤회한다고 말합니다. 우리 몸은 한번 태어나면 죽을 때까지 인간의 모습을 유지하지만, 마음은 수시로 순간순간 변화합니다.

여러분이 가장 자주, 그리고 가장 오래 머무는 세상이 육도 가운데 어디일까요? 지옥마인드는 화와 공격성으로 채워져 있고, 아귀마인드는 만족할 줄 모르는 채 끊임없이 원하기만 하는 갈망, 축생마인드는 탐욕과 성욕, 아수라마인드는 질투와 편집증으로 채워져 있습니다. 천상마인드는 일시적으로 에고의 작용이 멈추고 즐거움에 도취된 상태입니다. 마지막으로 인간마인드는 항상 배움에 열중하고 육도 가운데 유일하게 자기가 누구인지 궁금해하지만, 정작 자기가 누구인지를 알지 못하는 마음 상태입니다.

육도 가운데 변화가 가능하고 영적 성장으로 나아갈 수 있는 정신세계는 오직 인간마인드뿐입니다. 그러므로 올바른 자존감을 갖기 위해서는 무엇보다 먼저 인간마인드를 유지하는 것이 중요합니다. 나머지 다섯 종류의 정신세계에서는 자기 존재에 대해 관심이 없을 뿐더러 아예 인식 자체가 없습니다. 따라서 영적 성장으로 나아가고자 할 때는 반드시 인간마인드에서 출발해야 합니다. 우리의 마음 상태가 인간마인드가 아닌 나머지 5도 가운데 어디에 머물러 있든, 그곳에서 경험되는 자존감은 그 뿌리에 열등감과 우월감이 작용할 뿐입니다. 그렇다면 어떻게 인간마인드에 머물 수 있을까요?

인간마인드의 주된 심리적 상태는 '나는 누구인가' 하는 정체성에 대한 의문입니다. 삶과 존재의 의미가 무엇인지, 삶의 목적이 뭔지, 인생에서 어떤 순간에 진정으로 행복감과 충족감을 느끼는지 같은 삶의 진정한 가치나 의미에 대한 사유와 통찰이 일어나는 순간이 바로 인간마인드와 관련되어 있습니다. 따라서 인간마인드에 머묾으로써 나머지 정신세계의 불건강한 심리 상태에서 벗어나 인간성을 회복하기 위해서는 인생의 핵심 가치에 대한 의문을 잊지 않아야 합니다.

화, 불만족, 좌절, 불안과 같은 심리 상태를 경험하는 순간은 대개 우리가 인생에서 중요하게 여기는 핵심 가치에 맞지 않게 살아갈 때입니다. 우리의 마음은 순간순간 육도를 윤회합니다. 아귀마인드에 머무는 순간에는 지치지 않고 갈망하는 심리 상태에 휩싸이고, 축생마인드에 머무는 순간에는 필요 이상으로 탐욕하게 됩니다. 그러나 인간마인드에 머무는 순간에는 행복과 웰빙을 위해서 진정으로 필요한 것과 신경증적인 욕구에 의해서 원하는 것 사이의 차이를 이해할 수 있습니다. 오직 인간마인드에 머무는 순간에만 자기 잘못을 반성할 수 있고, 고통받는 자들을 향해 연민심을 일으킬 수 있으며, 행복을 방해하는 집착을 내려놓을 수 있는 힘과 용기가 생깁니다. 그러므로 일상에서 뭔가 마음이 불편하거나 괴로울 때는 지금 이 순간 내가 육도 가운데 어디에 머물고 있는지를 자문해 볼 필요가 있습니다.

만약 나의 정신세계가 지옥의 화나 분노, 아귀의 끝없는 갈망 속에 머물러 있다면 어떻게 해야 할까요? 그럴 때는 일차적으로 시간 여행을 하는 것이 좋습니다. 적당히 고요한 자리를 찾아서 허리를 세우고 앉아 잠시 명상하면서 지금껏 살아온 세월을 되돌아보고 남은 세월을 상상해 보는 겁니다. 그리고 잠시 그대로 앉아서 호흡에 집중하면서 현재에 머물러 봅니다. 만약 그 순간 살아온 세월보다 남은 세월이 더 짧다는 사실을 깊이 통찰할 수 있다면, 웬만한 갈등이나 문제는 사라질 것입니다. 적어도 가벼워지는 것을 느낄 수 있을 겁니다. 뿐만 아니라 평소에 지나쳤던 사소한 것들, 따스한 햇살, 신선한 공기, 물, 가족, 친구, 동료, 심지어 이런 것을 느끼고 볼 수 있게 해 주는 눈과 손과 다리, 보이고 들리고 느껴지는 모든 것을 향해 무한한 경이와 감사가 일어날 겁니다. 그것들은 오직 인간마인드에서만 경험할 수 있습니다. 또 다른 방법은 임종, 즉 자신이 생의 마지막 순간에 와 있다고 상상해 보는 것입니다. 죽음을 앞두고 살아온 지난 세월을 돌이켜보면서 가장 행복했던 순간을 떠올려 봅니다. 무엇이 나를 가장 충만하고 행복하게 해 주었는지 생각해 보는 것이지요. 아마도 많은 사람이 돈이나 지위, 경쟁에서 승리했던 순간이 아니라 자연을 만끽하고 가족과 친구, 사랑하는 사람과 보냈던 시간이 인생에서 가장 충만하고 행복했던 시절임을 깨닫게 될 겁니다.

죽음을 떠올리면 왠지 무섭고 칙칙하고 우울하게 느껴질 것 같다고 말하는 분도 있을지 모릅니다. 그러나 그것은 그냥 생각이고 상상일 뿐입니다. 실제로 죽음을 명상해 보면, 예상과는 달리 삶의 순간순간들이 얼마나 아름답고 소중한가를 깊이 깨닫게 됩니다. 또 행복한 삶을 살아가기 위해서 정말로 필요하고 가치 있는 것이 무엇인지를 알게 됩니다. 무엇이 삶에서 중요한 가치인지 알지 못하면, 자기가 필요로 하는 것을 자기 자신에게 줄 수 없습니다. 죽음 명상은 자기가 진정으로 바라는 것이 아닌 엉뚱한 것을 얻으려고 애쓰기 때문에 삶이 힘들고 행복하지 않다는 사실을 일깨워 줍니다.

얼마나 행복한 삶을 살고 가치 있는 인생을 사느냐 하는 문제는 우리가 얼마나 자주, 그리고 얼마나 오래 인간마인드에 머물 수 있느냐에 달려 있습니다. 죽음 명상은 우리를 끊임없이 인간적인 마음의 상태, 온전한 인간마인드에 머물러 있도록 안내해 줍니다.

치유는 믿음에서 시작된다

『화엄경』에 이런 대목이 있습니다. "신기하고 신기하여라. 어찌하여 이 모든 중생이 여래의 지혜를 모두 갖추고 있는가! 그런데 어리석고 미혹하여 알지 못하고 보지 못하는구나."

이것은 부처님이 깨달음을 이루고 난 직후에 중생을 바라본 소감입니다. 우리는 모두 부처님의 성품인 불성(佛性, Buddha Nature), 즉 부처님과 동일한 지혜를 선천적으로 갖추고 있기에 본질적으로 부처라는 겁니다. 다만 구름에 가려진 태양처럼 그러한 본질이 어리석음에 가려져 있어서 알지 못하고 있을 뿐이라는 것이지요. 불성의 관점에서 진정한 자존감은 우리 모두가 부처님의 지혜를 타고났다는 사실을 온 마음으로 깨달은 상태에서 갖게 되는 자아에 대한 이해, 태도라고 볼 수 있습니다. 또한 불성에 대한 믿음은 곧 자존감의 회복, 상처받은 자존감을 치유하는 지름길이고 본질적인 방법이라고 볼 수 있습니다.

문제는 불성을 어떻게 믿을 수 있느냐 하는 겁니다. 부처님이 직접 어떤 가르침이든지 무조건 믿지 말고 스스로 확인해 보고 몸소 체험해 본 다음에 믿으라고 하셨는데 말입니다. 그러나 치유가 필요한 경우는 예외입니다.

수행에서 치유의 단계를 넘어서 지혜를 닦는 단계까지 가면 그 말이 옳습니다. 도에 이르는 서른일곱 가지 수행(三十七助道品, 37조도품)에서 처음에는 우리 몸과 몸의 감각을 알아차리고[身], 몸에서 일어나는 느낌을 알아차리고[受], 변화하는 마음을 알아차리고[心], 현상들의 변화와 상호의존적 발생과 소멸[法]을 알아차리는 사념처(四念處)를 닦습니다. 그런 다음 우리 안에 있는 선한 마음은 더욱 자라나게 하고, 악한 마음은 없애려고 노력하는 네 가지 올바른 노력인 사정근(四正勤)을 닦습니다. 이미 생겨난 악은 없애고, 아직 생겨나지 않은 잠재된 악은 생겨나지 않도록 방지하고, 이미 생겨난 선은 더욱 자라도록 하고, 잠재되어 있는 선은 생겨나도록 노력하는 것입니다.

이렇게 사념처와 사정근을 닦고 나면 네 가지 능력, 즉 욕망을 조절하는 능력, 앞으로 나아가는 능력, 마음을 조절하는 능력, 고요하게 사유하는 능력이 생겨납니다. 그다음에 생겨나는 것이 다섯 가지 뿌리인데, 첫 번째 뿌리가 믿음입니다. 그러니까 진정한 믿음은 꽤 높은 정신 수준에서 일어납니다. 불교에서의 믿음은 분명 일정 수준의 노력과 자각을 바탕으로 하고 있습니다.

그런데 현실에서 꼭 이런 단계를 거쳐야 하는 것은 아닙니다. 학교 다닐 때를 떠올려 보세요. 시험을 볼 때 반드시 정답을 잘 이해하고 알아서 답을 맞히는 것은 아닙니다. 때로는 뜻도 모르고 확신도 없지만, 선생님이 정답이라고 가르쳐 준 것을 그냥 외워서 답을 쓰기도 합니다. 당장 시험을 봐야 하는데, 선생님이 이미 정답이라고 수업 시간에 말해 주었음에도 이해가 가지 않는다는 이유로 답을 쓰지 않을 바보는 없을 겁니다. 마찬가지입니다. 우리가 부족하고 허물이 많고 완전하지 않지만, 부처님이 우리가 다 부처라고 하니까 믿는 겁니다. 왜냐하면 우리는 이런 저런 이유로 상처받은 자존감을 치유할 필요가 있으니까요.

치유가 필요한 사람의 경우에는 37조도품을 닦는 것보다 신해행증(信解行證), 즉 먼저 믿고 그런 다음에 이해하고 실천해서 몸으로 체험하는 과정이 우선적으로 필요합니다. 굳이 이해하고 나서 믿겠다고 고집할 필요가 없습니다. 이해가 가지 않더라도, 일단 무조건 내 안에는 부처님의 지혜가 들어 있으며 나는 부처님과 똑같이 고귀한 존재라고 믿는 겁니다. 이해하지 못한 채 정답을 외워서 적을 때처럼, 내가 부처라는 사실을 믿고 받아들이기 힘들지만 그렇게 하는 것이 나에게 더 유익하고 좋으니까 믿고 받아들이는 겁니다.

내가 부처라는 믿음을 가지고 일상생활을 하면 당장 예상되는 변화가 무엇일까요? 인정의 욕구, 사랑의 욕구가 점차 줄어들 겁니다. 생각해 보세요. 내가 곧 부처라면 타자에게 사랑을 갈구하거나 인정해 달라고 요구할 필요가 없지 않을까요? 오히려 여유가 생겨서 조금씩 양보하고 너그러워질 겁니다. 제가 아는 어떤 분이 평생 고생하면서 살다가 예순 살이 되던 해에 생일 선물로 고급 중형차를 자신에게 선물했답니다. 그랬더니 소형차를 운전할 때와 달리 기분이 좋고, 다른 차에 양보도 더 많이 하게 되고, 운전도 더 매너 있게 하는 자신을 발견했다고 합니다. 이렇듯 물질적인 것이든 정신적인 것이든 자기에게 필요한 것을 제공해 주면 우리 자아는 그만큼 여유와 만족을 느낍니다. 그리고 그 결과로 주변 사람을 더 너그럽고 여유 있게 대하기 마련입니다. 믿음도 마찬가지입니다. 자기 존재와 잠재 능력에 대한 믿음은 상대를 향한 믿음과 너그러움으로 확대되기 마련입니다. 그러한 믿음과 너그러움으로 세상을 살고 인간관계를 맺으면 시간이 지날수록 자연히 주변 사람의 인정과 사랑을 받게 될 것이고, 남들이 가까이 지내고 싶어 하지 않을까요? 그러다 보면 어느 날 문득 변한 자신을 보게 되고, 좀 더 적극적으로 부처님처럼 행동하고 말하고 생각하려고 노력할 겁니다. 종국에는 상처받은 자존감이 완전히 치유되고 인격도 바뀌게 될 겁니다.

완전한 사랑을 위하여

대승불교의 궁극 목표는 요익중생(饒益衆生), 즉 중생을 이롭게 하는 것입니다. 대승불교에서는 중생을 이롭게 하는 행위를 보시라고 하는데, 쉬운 말로 표현하면 봉사입니다. 어떤 의미에서 불교의 모든 가르침은 요익중생을 올바르게, 그리고 가장 완전하게 실천하기 위한 방법을 가르치는 것이라고 해도 과언이 아닙니다. 그 중생에는 자기 자신도 포함됩니다. 다시 말해서 불교는 요익중생을 하는 실천방법론으로 자리이타를 가르칩니다.

그렇다면 나를 이롭게 하는 동시에 타자를 이롭게 하는 방법이 무엇일까요? 저는 그게 중도라고 생각합니다. 마음공부를 하는 많은 사람이 수행의 최고 목표를 깨달음이라고 생각하지만, 저는 개인적으로 깨달음 또한 목적이 아니라 수단이라고 생각합니다. 왜냐하면 깨달음으로 드러나는 현상적·실천적 행위가 바로 중도고, 공(空)의 표현이고, 작용이라고 생각하기 때문입니다.

아래 그림은 수행과 깨달음의 단계를 잃어버린 소를 찾는 것에 비유하여 그린 그림인 〈십우도(十牛圖)〉입니다. 8단계 그림

1 심우 2 견적

3 견우 4 득우

5 목우 6 기우귀가

7 망우존인 8 인우구망

9 반본환원 10 입전수수

을 보면 그냥 텅 빈 원이지요? 이것은 자신에 대한 집착과 대상에 대한 집착이 비워진 단계로서 아공(我空, 나라는 존재는 공하다는 깨달음)과 법공(法空, 세상 모든 것은 공하다는 깨달음)을 성취했다는 의미입니다. 그다음 단계에서는 무얼 하고 있나요? 깨달음을 얻었으니 저 높은 곳에서 거룩하게 홀로 고요하게 머물러 있나요? 그렇지 않습니다. 중생을 돕기 위해서 중생의 세계로 들어갑니다.

그런데 왜 깨달음이 필요할까요? 우리가 깨달음을 얻고자 하는 가장 큰 이유는 깨달음의 수준이 높을수록 자기 자신과 타자, 세상을 유익하게 돌볼 수 있는 진정한 지혜와 자비가 생겨나기 때문입니다. 우리가 아무리 선한 의도를 가지고 있어도 깨닫지 못하고 어리석으면 의도와는 달리 자신과 세상에게 오히려 해로움을 줄 수도 있습니다. 자기 자신과 세상을 더 많이 사랑하고 더 완전하고 건강하게 사랑하기 위해서 깨달음이 필요한 것입니다. 그런 의미에서 깨달음은 완전한 사랑을 위한 수단이라고 할 수 있습니다.

우리는 무언가를 많이 가지면, 또 남이 부러워하면서 올려다볼 수 있는 높은 자리에서 권력을 휘두르면 자존감이 높아질 것이라고 믿습니다. 그것은 자존감이 아니라 우월감입니다. 남이 무시하고 얕잡아 보는 것에 대한 무의식적인 두려움 때문에 필사적으로 투쟁해서 얻은 우월감은, 그 이면에 불안과 두려움을 동반한 열등감의 또 다른 모습에 불과합니다. 진정한 자존감은 비교나 경쟁에서 얻어지는 것이 아니라 보시하고 봉사하는 삶을 통해서 얻어집니다. 쉽게 말해서 내가 다른 사람에게 도움이 되고 필요한 존재라고 느낄 때, 스스로에 대해서 긍정적이고 좋은 느낌을 갖게 됩니다. 또 자기 가치와 자긍심을 갖게 됩니다. 한마디로 진정한 자존감이 생겨나는 것이지요. 쉬운 예로, 대중에게 잘 알려진 연예인 중에서 어려운 사람을 위해 봉사하고 그런 단체를 꾸준하게 돕는 사람이 그렇지 않은 사람에 비해서 더 건강하고 편안하게 살지 않던가요?

현대인의 정신적 특징 가운데 하나가 불안 증상입니다. 불안과 두려움의 상당 부분은 치열한 생존경쟁에서 비롯된다고 봅니다. 만일 우리가 서로 비교하고 경쟁하고 쟁취하는 구조에서 서로 돕고 협력하는 방식으로 우리의 태도를 전환할 수 있다면, 자존감의 향상은 물론 불안과 공포로부터 완전히 자유로울 수 있을 겁니다.

얼굴과 몸매를 아름답게 꾸미고
화려한 옷으로 치장하는 것은
진정한 아름다움이 아니다
배려하고 베풀며 더불어 하려는 마음이
진정한 아름다움이다
_ 범망경

강의를 마치며 – 묻고 답하기

불교심리학의 관점에서 볼 때, 잘못된 자존감은 그 원인이 어디에 있다고 생각하시나요?

아집(我執)과 법집(法執)에 기반한 우월감을 자존감과 혼동하기 때문이 아닐까요. 아집은 자기 자신, 즉 내 몸과 마음에 대한 집착이고, 법집은 내 몸과 마음이 경험하는 대상에 대한 집착입니다. 중관 철학을 완성한 용수보살은 아집을 경험에 대한 집착이라고 했습니다. 그렇다면 법집은 경험되는 대상에 대한 집착이겠지요. 우리가 뭔가를 경험할 때, 경험을 단순히 경험으로 경험하지 않고 그 경험 자체와 경험하는 대상에 소유권을 투사하기 때문에 결국에는 자존감의 문제로 이어진다고 생각합니다. 그러므로 자존감과 관련된 문제를 근본적으로 치유하고 완전하게 치유하는 길은 아공과 법공, 즉 나에 대한 편견과 대상에 대한 편견, 투사로부터 자유로워지는 데 있지 않을까 합니다.

일상에서 좀 더 쉬운 방법으로 아공과 법공을 실천함으로써 건강한 자존감을 향상시킬 수 있는 방법이 없을까요?

이미 말씀드렸듯이 최고의 자존감은 보시하는 삶을 통해서 가능하다고 봅니다. 그런데 보시를 할 때는 아공과 법공, 즉 자신의 경험과 경험 대상에게 집착하지 않고 하는 것이 가장 완전하고 건강한 방식입니다. 대승불교심리학의 관점에서 보면, 아공과 법공 자체에 초점이 있는 것이 아니라 보시, 즉 봉사에 초점이 있습니다. 보시나 봉사를 할 때는 봉사하고 있는 자신이나 봉사를 받는 대상에게 집중하지 말고, 그냥 보시하고 봉사하는 행위, 봉사하는 경험 자체에 초점을 두라는 의미입니다.

자존감을 향상시키는 또 다른 방법은 일상에서 일어나는 소소한 일들, 작은 것에 감사하기를 실천하는 겁니다. 감사하기를 실천하다 보면 그 감사하는 일들이 저절로 일어난 것이 아니라, 그렇게 되기까지 항상 누군가의 도움과 역할이 있었다는 사실을 깨닫게 됩니다. 즉 우연의 결과인 줄 알았거나 자신이 잘나서, 혹은 오로지 자기 자신만의 힘으로 이룬 것이라고 여겼던 사건이나 성과가 실제로는 수많은 인연이 함께해서 가능했던 것임을 알게 되는 것이지요. 이를 통해 점차 점차 연기적 현존을 깨닫게 되어 삶에서 자연스럽게 아공과 법공을 실천하게 됩니다.

Q

보시하고 봉사하는 삶이 어떻게 자존감을 향상시키는지 잘 이해되지 않습니다.

A

그렇지요. 보시를 하거나 누군가를 돕는 활동이 어떻게 자존감을 향상시키는지 말로 설명하기란 무척 어렵습니다. 왜 그런 줄 아세요? 보시나 봉사는 말로 하는 것이 아니라 몸으로 하는 것이기 때문입니다. 그 결과도 말로 이해하거나 깨닫는 것이 아니라 몸으로 느끼는 것이고요. 직접 해 보면 저절로 알게 됩니다. 평소에 사소하게나마 친절을 베풀었거나 약간의 도움을 주었던 기억을 떠올려 보세요. 분명 기분이 좋았고, 스스로에 대해서 긍정적인 생각이나 느낌이 일어났을 겁니다. 자신에 대한 좋은 느낌, 긍정적인 생각이 바로 자존감의 향상을 의미합니다.

Q

자존감을 높이기 위해 다른 사람과 비교하지 말라고 말씀하셨는데요. 저는 그렇게 하지 않으려고 해도 주위에서 비교하는 사람이 많습니다. 이런 상황에서는 어떻게 대처하는 게 좋을까요?

일단 그런 상황이 싫어서 피하게 되면 마지막에는 갈 데가 없어집니다. 종국에는 사람을 멀리하게 되고, 우울증에 걸리거나 죽고 싶어지거나 하면서 고립되고, 현실을 등지고 도피하려는 마음이 생겨날 수도 있습니다. 어디를 가든지 비교하지 않는 세상은 없습니다. 사람 사는 곳은 다 마찬가지입니다. 피할 수 없다면 어떻게 해야 할까요? 부딪쳐야지요. 최대한 부드럽게, 그러나 명료하게 의사를 전달하는 겁니다. 그런 식으로 비교하니까 내 마음이 아프다, 불편하다, 괴롭다고 상대에게 알려 주는 것이 좋습니다.

그래도 상대가 계속 비교한다면, 어떤 이유로 그 상황을 피할 수가 없다면, 그때는 마음속으로 상처받은 자신을 돌보고 위로해 주세요. "많이 놀랐지? 저 소리는 그냥 지나가는 소리야. 저 양반이 뭘 모르고 하는 소리야. 네가 이해해줘." 이렇게 말이지요. 좀 더 마음에 여유가 있다면 "언젠가는 저 사람도 이해하는 날이 올 거야. 누구나 각자의 인생 여정에 있기 때문에 이해나 깨달음도 각자의 때가 있는 법이거든"이라고 스스로에게 친절하게 말해 주는 겁니다. 마치 친한 친구에게 말해 주듯이요. 상대를 설득하거나 바꿀 수 없을 때 내가 할 수 있는 최선의 방법은 스트레스 상황에 있는 나를 돌보는 것입니다. 자기와의 대화나 심호흡 등을 통해 마음챙김하면서 신체적 감각이나 심리적 반응을 돌봐 주는 것이 중요합니다.

또 다른 방법은 혹시 내가 다른 사람이나 상황을 비교하고 있지 않은지 마음챙김을 해 보는 겁니다. 만약 여러분이 비교당하는 것에 예민하다면, 어쩌면 그것은 자기도 모르는 사이에 남을 비교하는 마음이 여러분 안에 자리하고 있어서일지도 모릅니다. 그러니 한 번쯤 스스로를 점검해 보는 것도 좋겠지요.

아내가 자꾸 저를 다른 집 남편과 비교하는데, 어떻게 해야 할까요? 그런 행동은 어떤 심리에서 비롯되는 건가요?

난감하네요. 하지만 부부관계에서 흔하게 볼 수 있는 사례입니다. 이웃집 남편과 비교당하면 "그러는 당신은 어떤데, 그 남편의 부인을 봐. 미인에다가 친정이 부자지, 섹시하지……" 솔직히 이렇게 되받아쳐 주고 싶지요. 하지만 그랬다가는 뒷감당이 어려울 겁니다. 그보다 역으로 부인을 살짝 미안하게 만들면 어떨까요? 예를 들어서 "나는 누구 엄마, 누구 아내 등등 이 동네 아내들 다 봐도 당신만큼 잘난 사람은 안 보이던데. 나는 당신이 최고야. 당신은 요리도 잘하지, 정리도 잘하지……" 이런 식으로 역으로 칭찬을 해 주면 아내도 느끼는 게 있지 않을까요? 물론 쉽지 않겠지만요.

어쩌면 아내가 의도한 진짜 메시지는 자기 남편이 다른 집 남편에 비해 무능하거나 못났다는 데 방점이 있는 게 아닐지도 모릅니다. 아내 자신이 남보다 더 잘나고 싶고, 더 많이 가지고 싶고, 인정받고 싶다는 욕구의 표현일 수도 있어요. 본인 스스로 그렇게 안 되니까 남편, 또는 자녀가 그렇게 되어 줬으면 하는 무의식적 갈망이 그런 식으로 드러난 것일 수도 있다는 말이지요. 반대로 남편도 그럴 수 있고요.

대개 이런 사람들은 남을 비교하는 것은 아무렇지 않게 여기면서 자기가 조금이라도 비교당하면 참기 힘들어합니다. 상대도 자기처럼 비교당하면 상처받는다는 사실을 모르니까요. 그래서 본인이 직접 남과 비교를 당해 봄으로써 상대방의 심정을 알게 하는 방법도 가능하다고 봅니다. 물론 이 경우에는 복수심이나 공격성을 담지 않고 "그런 말을 들으니까 마음이 아프네. 상처가 되네……" 하는 식으로 친절한 방식으로, 나의 아픔을 표현하는 방법으로 하는 것이 좋겠지요.

Q

저는 남의 말에 너무 쉽게 상처를 받는데요. 특히 직장에서 상사가 혼낼 때 수치심이 일어나고 살고 싶지 않아질 때가 많습니다. 어떻게 하면 이 문제를 극복할 수 있을까요?

소위 갑질하는 사람은 다 축생마인드가 강합니다. 거기에 지옥마인드가 덧씌워진 상태라고 보면 좋을 것 같습니다. 축생의 정신세계에 사로잡혀 있는 사람에게 도덕은 힘, 권력, 돈입니다. 그들은 하루 중 대부분의 시간을 축생마인드에 머물러 있기 때문에 사람을 사람으로 보지 못합니다. 오직 내가 마음대로 휘두를 수 있는 존재와 내가 납작 엎드려야 하는 존재, 이 둘로만 보입니다. 그러니 그들을 이기기 위해서는 더 많은 힘과 권력, 돈이 필요하지요. 하지만 그것을 위해서 돈과 권력을 좇으면서 삶을 희생하는 것은 어리석습니다. 특히 가능성이 희박한 경우에는 더더욱 그렇습니다.

이렇게 한번 생각해 보세요. 여러분이 길을 가는데 갑자기 이웃집 개가 사납게 짖어대거나 옷을 물어뜯으면 어떻게 하나요? 같이 짖고 물어뜯나요? 만약 호랑이나 곰이 여러분을 공격하면, 동물 주제에 사람을 공격한다고 자존심 상해할 건가요? 아니지요. 개가 흥분하면 위험하니 가만히 숨죽이고 있지 않나요? 왜 그럴까요? 여러분 눈에 그들은 사람이 아니고 축생이기 때문에 그렇습니다. 갑질하는 상사는 어떻습니까? 외모는 사람이지만 그의 정신세계는 축생이라는 것을 인정할 수 있나요? 여러분이 죽고 싶어지도록 수치심을 느끼게 한 그 상사를 지금 한번 떠올려 보세요. 그리고 그가 갑질했던 순간을 가능한 한 생생하게 떠올려 보세요. 그 순간 그는 육도 중 어느 정신세계에 있어 보이나요? 그가 축생의 정신세계에 머물러 있다는 것이 이해가 가나요? 이런 관점에서 보면 마음이 한결 위로가 될 겁니다. 화가 나거나 자존심이 상하기보다는 오히려 그를 향해 연민심이 일어날 겁니다.

Q

스님 말씀처럼 생각하고 바라보니까 속이 후련해졌습니다. 그런데 한편으로는 그를 무시한 것 같아서 약간 미안하고 죄책감 비슷한 감정이 올라오는 것 같아요.

A

갑질하는 사람 자체, 그 존재 자체를 축생으로 보는 것과 그 사람이 갑질하는 순간 그의 정신세계를 축생마인드로 보는 것은 완전히 다른 문제입니다. 우리는 누구나 순간순간 육도를 윤회합니다. 갑질하는 사람만이 축생의 세계에 머무는게 아닙니다. 모두가 수시로 축생마인드에 머무릅니다. 그가 갑질하는 그 순간이 축생의 마음 상태라는 것이지, 그의 존재 자체가 축생이라는 뜻은 아닙니다. 그러므로 미안해하거나 죄책감을 느낄 필요가 없습니다. 누구든지 부처님의 경지에 도달할 때까지 축생마인드로부터 자유롭지 못합니다. 다만 개인에 따라서 얼마나 자주, 그리고 얼마나 오래 축생마인드에 머무느냐에는 분명히 차이가 있습니다. 그 차이는 개인의 품격과 인격, 깨달음의 수준에 따라 다릅니다.

일단은 이런 방식으로 본인의 마음을 진정시킨 다음, 마음의 여유가 생겨나면 그때 가서 자리이타를 실천하는 방법을 찾아보는 것도 좋겠지요. '이 순간 나를 진정으로 이롭게 하고, 상대 또한 이롭게 하는 방법이 무엇일까? 내가 어떻게 말하거나 행동하고 생각하는 것이 자리이타를 실천하는 지혜로운 방법일까?' 아니면 '내가 어떻게 말하거나 행동하고 생각하는 것이 서로를 해치지 않는 방법일까?'를 스스로에게 묻는 겁니다. 자신의 타고난 지혜, 내면의 불성에게 물어보는 것이지요.

최근 빈번하게 일어나는 끔찍한 살인 사건이나 학교 폭력, 특히 성 착취나 성폭행 등을 접할 때마다 인간에 대한 신뢰 자체가 무너집니다. 과연 그런 사람에게도 자존감이라는 게 있을까요? 그들에게 불성이 존재하기는 한 건가요?

자존감이나 불성은 존재의 유무보다 작용 또는 활성화의 관점에서 생각하는 것이 더 유용합니다. 이것들은 넓은 의미에서 마음에 해당한다고 볼 수 있습니다. 『능엄경』에 보면 부처님과 아난 존자가 마음이 어디에 존재하는가를 두고 대화하는 내용이 나옵니다. 결론은 어디에도 존재하지 않습니다. 마음은 존재하는 장소가 없습니다. 존재가 아닙니다.

마찬가지로 자존감이나 불성도 작용하는 순간에만 존재하는, 찰나에 생멸하는 작용 성품을 가지고 있습니다. 우리가 인간의 정신세계를 떠나 나머지 정신세계를 떠도는 순간에는 자존감이나 불성 대신 그 정신세계에 해당하는 분노·공격성,

질투·편집증, 욕망·성충동·무지, 채워지지 않는 갈망, 도취적 행복 등의 정신적 특질이 존재할 뿐입니다. 그래서 우리가 '나'라고 부르는 일체의 정신적·신체적 실체는 찰나마다, 상황에 따라, 조건에 따라 생주이멸(生住異滅)하는 무상한 존재라고 하는 것입니다. 무아라고 말하기도 하고요.

그런 의미에서 본다면, 일상의 대부분을 인간의 정신세계가 아닌 곳에 머물러 있고, 온통 자신의 욕망에 이끌려 행동하고 말하고 생각하는 사람에게 자존감과 불성이 있다거나 없다고 표현하는 것은 문제가 있어 보입니다. 차라리 하루 중 몇 분 몇 초, 심지어 몇 찰나만이라도 '인간의 정신상태에 머무른 적이 있었는가?'라고 묻는 편이 합리적일 것 같습니다.

가끔 뉴스를 보면 기자들이 포토라인에 선 범죄자에게 이렇게 묻습니다. "잘못을 인정하시나요? 왜 그러셨나요? 잘못을 반성하시나요?" 그런 장면을 볼 때면 스트레스 강도가 치솟는 것을 느낍니다. 인간마인드의 행위가 아닌 것에 대해 인간마인드의 언어로 소통하려고 하는 것은 어리석은 일입니다. 축생마인드의 행위에는 축생의 마음을 두렵게 하고 위축되게 하는 축생마인드 소통법이 필요합니다. 그들뿐만 아니라 뉴스를 지켜보고 있는 다른 잠재적 범죄자들에게 "나는 저러지 말아야지. 무섭다. 저러면 안 되겠구나" 하는 마음을 일으켜서 사정근의 씨앗을 심을 필요가 있습니다.

존재하는 모든 것은 행복하라

_숫따니빠따

모든 것은 오직 마음이 지어낸 것이다

__화엄경

제3강

전 현 수

(전현수정신건강의학과의원장)

강의를 시작하며 3

저는 이번 강연을 통해서 정신적인 문제인 우울을 초기불교에서 어떻게 바라보고 있는지 알아보고자 합니다.

불교에서는 물질적인 것이든 정신적인 것이든, 세상의 모든 현상이 그럴 만한 이유가 있기에 일어난 것이라고 봅니다. 다시 말해 인과의 법칙에 따라 모든 일이 일어난다는 것이지요. 우울의 치료 역시 이러한 관점에서 접근해야 합니다. 먼저 무엇이 우울을 생겨나게 했는지 알아서 그에 맞는 조치를 취해야만 우울을 사라지게 할 수 있습니다. 어떤 이유로 우울이 생겼는데, 그 원인을 정확히 보지 못하고 다른 것에서 원인을 찾고 실제와 맞지 않은 대처를 하면 결코 우울이 호전되지 않습니다. 오히려 더 악화될 수도 있습니다. 그런 점에서 불교가 우울 치료에 큰 도움이 될 수 있습니다. 왜냐하면 불교는 눈앞의 현상을 정확히 바라보고, 무엇을 어떻게 해야 원하는 결과가 나올 수 있는지 알게 해 주기 때문입니다. 불교의 가르침은 우울이 어떻게 생겨났으며, 거기서 벗어나려면 어떻게 해야 하는지에 관한 분명하고도 직접적인 지침을 전해 줍니다.

불교는 직접적인 관찰을 통해 얻은 정신 현상에 대한 깊고 정확한 지혜를 가지고 있습니다. 그것을 우울의 이해와 치료에 활용할 수 있습니다. 사람을 움직이는 힘에는 여러 가지가 있지만, 그중 감정이 가장 강력한 힘이라고 할 수 있습니다. 감정은 생각, 기억, 의지와 같은 하나의 정신 현상입니다. 불교는 이러한 정신 현상의 속성을 잘 알려 주고, 어떻게 그것들을 다스릴 수 있는지 가르쳐 줍니다.

매 순간 우리 안에서 정신이 일어납니다. 정신은 마음, 그리고 마음의 작용과 기능을 하는 마음부수로 이루어져 있습니다.

주된 것이 마음으로, 일어난 마음이 결과를 가져옵니다. 이러한 마음에는 두 가지가 있습니다. 유익한 마음과 해로운 마음입니다. 유익한 마음은 우리가 원하는 결과를 가져오고, 해로운 마음은 원하지 않는 결과를 불러옵니다. 원하는 결과는 우리가 좋아하는 것이고, 원하지 않는 결과는 우리가 싫어하는 것입니다. 이렇게 보면 우울은 우리의 해로운 마음의 결과로 나타난, 우리가 원하지 않은 괴로운 결과라고 할 수 있습니다. 누구나 우울을 싫어하기 때문입니다.

우울 치료에 있어서 불교적 접근법은 기존의 치료법과는 차이가 있습니다. 쉽게 이해되지 않는 부분이 있을 수 있고, 문제 해결을 위한 노력을 실천해 나가기가 어려울 수 있습니다. 무엇보다 불편한 진실을 마주하게 될 수 있습니다. 그러나 그것이 사실이기에, 불교에서 제시하는 길을 따라가면 분명히 효과를 보게 될 것입니다.

불교에서 제시하는 우울 치료법을 한마디로 정의하면 이렇습니다. 우리 안에 해로운 마음이 많이 쌓였고, 그 해로운 마음으로 인해 불건전한 것들이 축적되어 우울이 찾아왔습니다. 따라서 이제라도 유익한 마음을 일으켜서 그로 인해 건전한 것들이 우리 안에 차곡차곡 쌓이도록 해야 한다는 것입니다. 그 방법을 본 강연에서 제시합니다.

유익한 마음을 일으키는 방법으로, 먼저 무엇을 하든 현재하는 그 일에 집중할 것을 권합니다. 그렇게 할 때 우리 정신과 몸에 일어나는 현상을 설명함으로써 현재에 집중해야 하는 이유를 알려 줍니다. 더불어 요즘 많은 사람이 일상에서 실천하는 명상을 추천합니다. 세상에는 다양한 종류의 명상법이 있는데, 본질은 매한가지 현재에 집중하는 것입니다.

현재에 집중하는 일을 방해하는 것은 과거와 미래를 오가는 우리의 '생각'입니다. 오늘 강연에서는 현재에 집중했을 때 구체적으로 어떤 결과가 뒤따라오고, 반대로 우리의 생각이 과거와 미래로 향했을 때 어떤 결과가 나타나는지, 두 가지 상황을 대비하여 이야기합니다. 이를 통해 현재에 집중하는 것이야말로 진정으로 자신을 위하는 길임을 알려 주고, 그 길로 나아갈 수 있도록 안내합니다.

이 외에도 우울의 발생과 치유에 관련한 여러 가지 논의를 다채롭게 펼쳐 갑니다.

이번 강연을 통해서 우울로 고통받는 사람들이 조금이라도 힘을 얻을 수 있기를, 다시금 주어진 일상을 소중하고 행복한 순간들로 경험하게 되기를 진심으로 기원합니다.

마음을 알면 우울이 보인다

초기불교로 마음 분석하기

우울한 감정이 일어나는 이유

저는 정신과 의사로서 불교정신치료를 하는 사람입니다. 정신과 의사로서 정신적인 고통을 겪는 사람들을 치료하던 중 불교의 정신치료적 가능성을 발견하고서 오랫동안 불교 공부와 수행을 한 끝에 불교가 훌륭한 정신치료 체계임을 깨닫고 불교로써 정신적인 문제를 치료하고 있습니다. 물론 필요한 경우 약물을 사용합니다.

저는 불교에서 우울을 어떻게 보고 있는지를 설명한 다음, 우울을 치료하는 불교적 방법을 여러분께 소개하고자 합니다. 이야기를 본격적으로 풀어가기에 앞서 우울이란 무엇이고, 지금까지 서양의 정신분석이나 정신치료, 정신의학에서 우울을 어떻게 봐 왔는지에 대해 살펴보겠습니다.

'우울'은 영어 'Depression'을 우리말로 옮긴 것입니다. 이 말이 우리 사회에서 언제부터 사용됐는지는 명확하지 않습니다만, 언젠가부터 이 말이 우리에게 익숙한 단어가 되었습니다. 하지만 그렇게 오래되지는 않았다고 생각합니다.

일반적으로 우울이란 신체적·정신적으로 에너지가 저하된

상태라고 할 수 있습니다. 예를 들어 기분이 우울해지면 의욕이 사라지고 모든 것이 부정적으로 보입니다. 그러면서 식욕이 떨어지거나 반대로 지나치게 식욕이 올라가기도 하고, 잠이 오지 않거나 반대로 지나치게 잠이 많이 오기도 합니다. 무력감에 빠져 잘 움직이지 않습니다. 생각도 잘 나지 않고, 계속 부정적으로 생각하고, 자신의 무가치성에 대해 골몰하게 됩니다. 정신의학적으로 우울이라고 말하려면 이러한 증상이 2주는 지속되어야 합니다. 사람이라면 누구나 잠시 부정적인 생각을 합니다. 그러나 그것이 2주가 넘는 긴 시간 동안 지속되면 우리에게 부정적인 영향을 끼치고 병으로 자리 잡습니다.

정신의학적으로 우울증에 대한 진단 기준은 다음과 같습니다. 우울증의 필수적인 증상은 최소 2주 동안의 우울한 기분 또는 대부분의 활동에서 흥미나 즐거움의 상실입니다. 또한 이러한 필수 증상 외에 식욕 및 체중의 변화, 정신운동성 초조나 지체, 피로감, 무가치감이나 죄책감, 사고력 및 집중력 감소, 자살 사고 또는 시도 중에서 네 가지 이상의 증상이 최소한 2주 이상 나타나야 합니다. 이때는 병원에 가서 정신건강의학과 전문의와 꼭 상의해야 합니다. 그리고 필요한 경우 치료를 받아야 합니다.

이런 우울증은 왜 일어나는 것일까요? 우울증의 원인은 우울증을 바라보는 관점에 따라 조금씩 다릅니다. 먼저 정신의학에서는 우울증이 심리사회적 스트레스, 유전적 요인, 신경생화학적인 요인 등으로 일어난다고 봅니다.

스트레스가 될 수 있는 생활 사건과 우울증이 서로 관계가 있다는 것은 많은 임상가가 인정하고 있습니다. 어떤 학자들은 생활 사건만으로도 우울증이 온다고 주장을 하지만, 대개는 우울증 발병의 유발인자로서 중요한 역할을 하는 경우가 많다는 것이 여러 학자의 주장입니다. 심리사회적 스트레스만으로 우울증이 발생할 수 있는가에 대해서는 아직 논란의 여지가 있지만, 스트레스는 우울증 소인이 있는 사람에게 우울증을 발생하게 하고 우울증 재발에도 영향을 줄 수 있습니다. 여러 가지 종류의 생활 사건 중 우울증을 유발하는 데 가장 중요한 역할을 하는 것이 상실입니다. 가까운 사람의 죽음이라든지, 재물의 상실, 직장 상실 또는 그 사람 나름대로 중요하다고 여기는 무언가의 상실 등을 말합니다. 상실의 개인적 의미는 표면에 드러난 상황과 다를 때가 있습니다. 가령 같이 살던 여동생이 시집을 간다는 사실은 겉으로는 축복해 줄 만한 일이지만, 그 동생에게 모든 것을 의지하고 있던 언니에게는 그것이 큰 상실이 될 수 있습니다. 반면에 재물의 상실이 그 사람의 죄악감을 감소시켜 주는 구실을 할 때는 상실로서의 의미가 없습니다.

유전적 요인을 보면, 지금까지의 가족 연구 및 쌍생아 연구,

입양 연구의 결과 우울증 발생에 유전적 요인이 중요한 역할을 차지하는 것으로 보입니다. 쌍생아 연구 결과 우울증의 유전율은 40~50%에 이르며, 가족 연구 결과 구성원 중에 우울증을 경험한 사람이 있는 가족이 그렇지 않은 가족보다 직계가족의 평생유병률(평생 한 번 이상 우울증을 경험하는 비율)이 2~3배 정도 높습니다.

신경생화학적 요인을 보면 세로토닌, 노르에피네프린, 도파민과 같은 신경전달물질이 우울증 발생과 관계가 있습니다. 그중 세로토닌 기능 이상이 우울증과 가장 연관이 깊습니다. 우울증 환자는 세로토닌 활성도가 보통 사람보다 낮다고 알려져 있습니다. 현재 대표적인 항우울제가 세로토닌재흡수억제제(Serotonin Specific Reuptake Inhibitor, SSRI)라는 사실이 명확한 증거입니다. 세로토닌과 우울증의 병인론에 관한 구체적인 신경생화학적 기전들이 활발한 연구를 통해 밝혀지고 있습니다. 노르에피네프린이나 도파민에 대한 연구 결과도 이들 물질과 우울증의 연관성을 잘 보여 줍니다. 지속적인 스트레스에 노출될 경우 노르에피네프린의 신경 전달이 감소하며 이는 무기력, 무쾌감증, 성적 욕구 감소 등을 일으킵니다. 뉴런에서 노르에피네프린을 고갈시키는 레세르핀(Reserpine) 같은 물질들이 우울증을 일으키며, 노르에피네프린을 분해하는 단가아민산화효소를 억제하는 약물이 항우울 효과가 있다는 것이 알려졌습니다. 도파민의 경우, 중간피질 경로와 변연계 경로에서 낮아진 도파민 활성이 우울증 환자의 인지, 운동, 쾌락 관련 장애를 일으키며, 실제로 우울증 환자의 뇌척수액에서 도파민 대사체인 호모바닐린산의 농도가 감소되어 있다는 보고가 있습니다. 세로토닌, 노르에피네프린, 도파민 같은 신경전달물질 외에도 신경호르몬도 우울증과 관련되어 있습니다.

한편 정신분석에서는 리비도가 부여된 대상을 향한 공격 욕동을 자아가 위험한 것으로 받아들임으로써 발생하는 내적 갈등이 우울증을 유발한다고 보았습니다. 프로이트(Sigmund Freud)는 우울증을 정신성적 발달 단계(Psychosexual Developmental Stage) 중 대상 선택 이전에 나타나는 '구강-함입' 단계와 연관지어 설명했지만, 동시에 초자아의 형성이나 오이디푸스 콤플렉스 해소 초기에 비롯되는 더 복잡한 심리발달 단계와 연관된 죄책감, 자기 비하, 자기 처벌로 설명하기도 했습니다. 애착이론을 발달시킨 볼비(Bowlby)는 불안한 애착 관계와 강박적인 자기 관계를 가진 사람이 우울증에 취약하다고 말했습니다.

인지치료의 발달에서 아주 중요한 역할을 한 아론 벡(Aaron Beck)은 인지삼제(Cognitive Triad), 정보 처리의 오류, 부정적 자기 스키마(Negative Self-Schema)를 우울증의 세 가지 핵심 요소로 설정했습니다. 인지삼제는 자기 자신과 세상, 미래에 대한 부정적인 인식과 해석, 기대와 기억을 말합니다. 이런 부정적인 생각이 우울증의 기분, 행동, 신체 증상에 영향을 줍니다. 이런 부정적인 생각은 환자의 잘못된 정보 처리에 의해 형성됩니다. 실제로 긍정적인 부분이 있는 사건도 부정적인 측면만을 선택적으로 받아들이는 선택적 집중, 특정한 나쁜 측면을 일반화하는 과일반화, 나쁜 정보를 과장하고 좋은 정보는 축소하는 과장 및 축소와 같은 정보 처리의 오류가 대표적인 예입니다. 부정적 자기 스키마는 평소 잠재해 있다가 환자가 스트레스 상황에 놓였을 때 활성화되어 지속적으로 왜곡된 정보 처리를 유도하고 이에 따라 부정적 인지가 쌓여 우울증의 여러 증상을 유발합니다.

마지막으로 행동이론에서는 동물 실험을 통해 얻은 결과로 우울증의 발생 과정을 설명합니다. 실험동물이 회피할 수 없는 환경을 만들고 지속적으로 혐오 자극을 가하면, 처음에는 자극으로부터 벗어나려고 노력하지만 시간이 지나면서 그 상황에서 벗어나려는 노력을 포기하게 되고, 자신의 노력이 결과에 아무런 상관이 없다는 것을 학습하게 됩니다. 이렇게 학습된 실험동물은 다른 환경에 놓여도 혐오 자극을 피하려는 노력을 하지 않게 됩니다. 이를 '학습된 무력감 모델'이라고 하는데, 이 가설을 우울증에 적용할 수 있습니다. 개인이 여러 번 원하는 결과를 얻지 못하고 힘든 일을 계속 피하지 못하면, 그는 스스로 조절이 불가능하다는 생각에 아무런 행동도 못 하고 우울 증상을 경험하게 된다는 것입니다.

불교는 감정을 어떻게 바라볼까

그렇다면 불교에서는 우울을 어떻게 볼까요? 사실 우울은 불교에서 정확히 어떤 것이라고 정의되어 있지 않습니다. 대신 불교는 인간의 정신에 대해서 자세하게 설명하고 있습니다. 그러므로 불교에서 인간의 정신을 어떻게 설명하는지 살펴보면, 우울이라는 감정이 인간 정신의 어느 영역에 있고 그것의 본질 및 문제 해결법이 무엇인지를 알 수 있습니다.

불교에서는 인간 존재가 오온(五蘊)으로 구성되어 있다고 봅니다. 오온은 색온(色蘊)·수온(受蘊)·상온(想蘊)·행온(行蘊)·식온(識蘊)입니다. 인간은 물질과 정신으로 구성되어 있다고 말할 수 있습니다. 그중 색온은 물질, 즉 몸이고, 수온·상온·행온·식온은 정신입니다. 정신을 다시 세분해서 보면 수온은 느낌으로 즐겁거나, 괴롭거나, 즐겁지도 괴롭지도 않은 것입니다. 우리 마음은 항상 대상에 가 있습니다. 그 대상의 맛을 아는 것을 느낌이라고 합니다. 그 맛이 맛있으면 즐겁고, 맛이 없으면 괴롭고,

덤덤하면 즐겁지도 괴롭지도 않습니다. 상온은 무엇을 보고 그것이 무엇인지 아는 것을 말합니다. 예를 들어 칠판을 봤을 때, 그것이 칠판이라고 즉각적으로 아는 것입니다. 칠판이라고 아는 것은 전에 저렇게 생긴 것은 칠판이라고 배워서 알고 있기 때문입니다. 우리가 아는 사람을 봤을 때 '저 사람은 누구다' 하고 아는 것과 같습니다. 처음 보는 것은 '처음 보지만 저렇게 생겼구나' 하고 아는 것입니다. 그리고 나중에 다시 보면 그것이 전에 봤던 것이라고 아는 것입니다. 이것이 상온입니다. 행온은 의지 작용을 포함하여 뭔가를 일으키는 것입니다. 좋아하고 싫어하여 반응을 일으켜 뭔가를 하는 것입니다. 예를 들어 어떤 음식점에 들어가 식사를 했는데 음식이 마음에 안 들면 '이 음식점에 다시는 안 올 거야' 하고 마음먹는 것을 말합니다. 식온은 마음 자체를 말합니다. 수온·상온·행온은 마음의 작용이고, 식온은 마음 자체입니다.

불교에서 감정이란 오온 가운데 수온과 행온에 넣을 수 있습니다. 먼저 수온인 이유는, 수온이 느낌이기 때문입니다. 그런데 어째서 감정이 행온일까요? 감정에는 좋아하여 당기고 싫어하여 밀어내고 하는 요소가 들어 있는데, 우리가 무언가를 좋아하고 싫어하는 반응을 일으키는 것이 바로 행온이기 때문입니다.

내 몸은 내 것이 아니다

부처님의 가르침에 '아비담마(Abhidhamma)'라는 게 있습니다. 초기불교에는 부처님의 가르침을 담은 세 가지가 있습니다. 바로 경장, 율장, 아비담마입니다. 경장은 부처님이 상황에 따라 가르친 내용입니다. 예를 들어 누가 부처님을 찾아와서 어떤 것을 질문했을 때 부처님이 답한 내용을 담고 있습니다. 또 부처님이 어떤 상황에서 제자들에게 필요하다고 생각한 것을 말한 내용이 담겨 있습니다. 율장은 어떤 상황에서, 어떤 필요성에 의해 계율이 제정되었는지를 기록한 글입니다. 그리고 아비담마는 부처님이 깨달은 법(法)을 체계적으로 설명한 것입니다. 아비담마에는 법에 대한 구체적이고 상세한 설명이 들어 있습니다. 마음의 본질과 작용이 상세히 설명되어 있고, 정신과 물질을 궁극적이고 근본적인 수준까지 묘사합니다.

세상에 존재하는 모든 것은 두 가지 측면, 즉 관습적 실재와 궁극적 실재의 형태로 존재합니다. 관습적 실재는 감각기관을 통해 감지된 형태에 우리가 약속을 통해 어떤 이름을 붙인 것을 말합니다. 예를 들어 한국인은 누구나 손을 보고 '손'이라고 말하고, 발을 보고 '발'이라고 말하며, 돌을 보고 '돌'이라고 말합니다. 이것이 관습적 실재입니다. 생명이나 죽음 같은 개념도 마찬가지로 관습적 실재입니다.

궁극적 실재는 어떤 현상이 생겨서 사라질 때까지 변화하지 않고 고유한 성질을 유지하는 최소 단위입니다. 궁극적 실재에는 네 가지가 있습니다. 물질, 마음, 마음부수, 열반입니다. 이 중 궁극적 물질과 궁극적 정신인 마음과 마음부수를 보려면 그것을 볼 수 있는 상태가 되어야 합니다. 삼매를 닦아서 지혜의 눈을 얻으면 궁극적 물질과 궁극적 정신을 볼 수 있습니다.

궁극적 실재로서의 물질은 무언가 생겨서 사라질 때까지 그 고유한 성질을 유지하는 최소 단위로서의 물질을 말합니다. 이러한 궁극적 실재로서의 물질은 스물여덟 가지가 있습니다. 열여덟 가지 구체적 물질과 열 가지 추상적 물질입니다. 열여덟 가지 구체적 물질은 실제로 존재하는 물질이고, 열 가지 추상적 물질은 구체적 물질이 일으키는 물질적 현상을 말합니다.

열여덟 가지 구체적 물질을 나열하면 다음과 같습니다. 지, 수, 화, 풍, 색깔, 냄새, 맛, 영양소, 소리, 눈 감성물질, 귀 감성물질, 코 감성물질, 혀 감성물질, 몸 감성물질, 심장토대, 남성 물질, 여성 물질, 생명 기능입니다. 열 가지 추상 물질은 허공의 요소, 몸 암시, 말 암시, 물질의 가벼움, 물질의 부드러움, 물질의 적합함, 생성, 상속, 쇠퇴, 무상함입니다. 허공의 요소는 서로 다른 것을 구분 짓는 공간을 말하고, 몸 암시는 몸의 움직임을 말합니다. 말 암시는 말소리이고, 생성은 존재의 시작인 재생연결을 이루는 최초의 물질을 말합니다. 상속은 그 뒤에 생기는 물질이며, 쇠퇴는 물질이 머무는 것, 무상은 물질이 사라지는 것을 말합니다.

궁극적 실재로서의 정신은 마음과 마음부수입니다. 마음은 주된 마음이고, 마음부수는 마음의 기능을 하는 것입니다. 마음의 종류는 여러 가지이고, 그에 따르는 마음부수 역시 상당히 종류가 많습니다.

열반은 일어남과 사라짐이 없는 상태로 위빠사나 지혜가 무르익었을 때 경험할 수 있습니다. 물질, 마음, 마음부수는 일어났다가 사라지지만, 사라질 때까지는 고유의 성질을 유지합니다. 반면 열반은 언제나 있습니다.

관습적 실재와 궁극적 실재의 측면 모두에서 사물과 현상을 정확히 보는 것이 중요합니다. 관습적 실재만으로는 실상을 알기에 충분하지 않습니다. 궁극적 실재만으로도 충분하지 않습니다. 관습적 실재와 궁극적 실재 두 가지를 다 알고 양 측면에서 봐야 실제를 볼 수 있습니다. 예를 들어 어머니와 아버지는 궁극적 실재로 보면 궁극적 물질과 궁극적 정신 현상입니다. 그렇지만 관습적 실재로 보면 우리를 낳고 길러 준 특별한 사람입니다. 코 역시 궁극적 물질로 이루어져 있지만, 관습적 실재로서 코의 외형을 잘 알아야 안경도 만들고 코의 질병도 치료할 수 있습니다.

우리는 몸을 볼 때 덩어리로서 보고 이 몸이 언제나 그대로 있다고 생각합니다. 그러나 궁극적인 실재로 정확히 보면, 몸을 이루는 물질은 순간순간 일어났다가 사라집니다. 이렇게 일어났다가 사라지는 것을 우리는 통제할 수 없습니다. 몸은 변하고, 내 마음대로 할 수 없으므로 내 것이 아닙니다. 또 반드시 이런 변화를 겪을 수밖에 없으므로 몸은 괴로운 것이라고 볼 수 있습니다. 지금 이대로 유지되었으면 하는 것은 사라지고, 질병처럼 오지 않았으면 하는 것은 오기 때문입니다. 이렇게 순간순간 일어나고 사라지는 것을 보지 못하고, 그것을 통제하지 못함을 알지 못하면, 몸을 자기 것으로 여기고 몸이 변하는 것을 견디지 못해 괴로워하게 됩니다.

정신이란 무엇인가

정신 인식 과정

몸처럼 우리 정신도 있는 그대로 알 필요가 있습니다. 몸을 덩어리로 보듯이 정신 현상을 덩어리로 보면 실재를 알 수 없습니다. 예를 들어 화가 난 사실을 화가 난 정도로만 알면 화난 현상을 정확히 알지 못합니다. 최악의 경우는 화가 난 것도 모릅니다. 화가 난 것은 알아도 화가 났을 때 실제로 우리에게 일어나는 영향을 알지 못합니다. 그러니 내가 화가 났다는 것을 아는 것만으로는 부족합니다. 화가 났을 때 일어나는 정신 현상이 어떠한지를 정확히 알아야 합니다.

정신이 어떤 것이며, 우리에게 어떤 작용을 하는지 정확히 알려면 정신 인식 과정을 알아야 합니다. 정신은 두 종류가 있습니다. 인식을 벗어난 정신이 있고, 인식하는 정신이 있습니다. 인식을 벗어난 정신은 재생연결식과 바왕가(Bhavaṅga, 존재 유지심)를 말합니다. 재생연결식은 생이 시작될 때 처음으로 있는 정신을 말합니다. 재생연결식이 사라지면 바왕가가 일어납니다. 잠을 잘 때 꿈을 꾸지 않는 상태가 바왕가입니다. 그리고 바왕가 상태에서 벗어나 정신이 뭔가를 인식할 때 정신 인식 과정이 일어납니다.

정신 인식 과정이란, 정신이 인식을 할 때 정신이 연속해서 일어나는 과정을 말합니다. 눈·귀·코·혀·몸·정신이 그 대상인 형상·소리·냄새·맛·감촉·법을 대상으로 하여 일어나는 과정입니다. 눈·귀·코·혀·몸에서 일어나는 정신 인식 과정을 오문 인식 과정이라고 하고, 정신에서 일어나는 정신 인식 과정을 의문 인식 과정이라고 합니다. 대개의 경우, 오문 인식 과정은 의문 인식 과정으로 연결됩니다.

이 중에서 눈에서 일어나는 안문 인식 과정을 가지고 정신 인식 과정을 구체적으로 살펴보겠습니다. 우리가 눈으로 무엇을 볼 때 안문 인식 과정이 일어납니다. 먼저 '안문전향'이라는 정신이 일어납니다. 안문전향은 안문 인식 과정의 첫 번째 정신입니다. 이것은 보고자 하는 대상을 보려고 주의를 기울일 때 일어나는 정신입니다. 안문전향이 사라지면서 '안식'이 일어납니다. 안식이 사라지고 '받아들임'이라는 정신이 일어나고, 받아들임이 사라지면서 '조사'라는 정신이 일어납니다. 조사가 사라지면서 '결정'이라는 정신이 일어나고, 다시 결정이 사라지면서 '속행'이 일어납니다. 속행은 대체로 일곱 번 일어납니다. 속행 후

'등록'이 두 번 일어나기도 하고 일어나지 않기도 합니다. 다시 바왕가에 빠졌다가 '의문전향'이 일어납니다. 의문전향이 사라지고 속행이 다시 일곱 번 일어납니다. 그 후 등록이 두 번 일어나기도 하고 일어나지 않기도 합니다.

유익한 마음과 해로운 마음

정신 인식 과정을 이루는 각각의 정신은 마음과 마음부수로 이루어져 있습니다. 마음이 주된 것이고, 마음의 기능이나 작용을 하는 것이 마음부수입니다. 마음은 한 개이고, 마음부수는 여러 개 있습니다. 마음부수에는 언제나 있는 마음부수와 때때로 있는 마음부수, 그리고 아름다운 마음부수와 해로운 마음부수가 있습니다. 속행과 등록을 제외한 마음에는 언제나 있는 마음부수와 때때로 있는 마음부수만이 있고, 속행과 등록에는 언제나 있는 마음부수와 때때로 있는 마음부수와 어떤 마음이냐에 따라 아름다운 마음부수, 해로운 마음부수가 있습니다. 속행과 등록이라는 정신은 유익한 마음과 해로운 마음에 따라 마음부수가 달라집니다. 유익한 마음과 해로운 마음에 따라오는 마음부수에 의해 속행과 등록이 우리에게 영향을 줍니다.

마음은 크게 유익한 마음과 해로운 마음으로 나눌 수 있습니다. 유익한 마음은 욕심이나 성냄, 어리석음이 없는 마음이 둘이나 셋이 있거나 현명한 주의가 있는 마음입니다. 현명한 주의는 눈·귀·코·혀·몸·정신으로 대상을 접할 때 그것을 궁극적 물질이나 궁극적 정신으로 보거나, 그것의 속성인 무상·고·무아·깨끗하지 못함으로 보는 것을 말합니다. 해로운 마음은 탐욕, 성냄, 어리석음이 있거나 어리석은 주의가 있는 마음입니다. 어리석은 주의는 눈·귀·코·혀·몸·정신으로 대상을 접할 때 그것을 궁극적 물질이나 궁극적 정신으로 보지 못하거나, 그것의 속성인 무상·고·무아·깨끗하지 못함으로 보지 못하는 것을 말합니다.

유익한 마음은 속행과 등록에서 아름다운 마음부수를 가져오고, 해로운 마음은 속행과 등록에서 해로운 마음부수를 가져옵니다. 언제나 있는 마음부수와 때때로 있는 마음부수와는 달리 아름다운 마음부수와 해로운 마음부수는 우리에게 세 가지로 영향을 줍니다. 첫째 마음이 물질을 만들어 냅니다. 아름다운 마음부수는 좋은 물질을 만들고, 해로운 마음부수는 좋지 않은 물질을 만듭니다. 그래서 우리가 기분이 좋지 않으면 몸이 무겁고, 좋은 마음일 때는 몸이 가볍습니다. 이렇게 마음에서 생긴 물질에 또 정신이 영향을 받기도 합니다. 그다음은 아름다운 마음부수와 해로운 마음부수가 우리 정신에 영향을 줍니다. 뒤에 자세히 다루겠지만, 아름다운 마음부수와 해로운 마음부수는 그 자체로 순간의 정신 상태가 됩니다. 마지막으로 유익한 마음은 좋은 과보를 가져오고, 해로운 마음은 안 좋은 과보를 가져옵니다. 초기불교에서 가장 권위 있는 주석서인 『청정도론』을 보면 일곱 번의 속행 중 첫 번째 속행은 이생에 과보를 가져오고, 두 번째부터 여섯 번째 속행은 다다음 생부터 윤회가 끝날 때까지의 생에 과보를 가져오고, 일곱 번째 속행은 바로 다음 생에 과보를 가져온다고 합니다. 이런 세 가지 이유로 해로운 마음이 지속되어 우리 안에 해로운 마음부수가 많이 생기면, 그것이 축적되어 정신 장애가 생기고 우울이 생길 수 있습니다.

실제로 정신적인 문제를 가진 사람을 만나 보면 살다가 힘든 일에 부딪혔을 때 스스로 그것을 극복하지 못하고, 주위의 도움을 받아서도 해결하지 못하고, 자신이 처한 힘든 일에 적합하지 않은 해결책을 나름대로 찾다가 정신적인 문제가 발생한 경우가 많습니다. 이 과정에서 해로운 마음을 아주 많이 일으킵니다. 몇 달 몇 년 동안 해로운 마음과 해로운 마음에 수반되는 해로운 마음부수가 수도 없이 일어나서 앞서 말한 세 가지, 물질과 정신과 과보의 영향이 엄청나게 축적됩니다. 그 결과 정신적인 문제가 발생합니다.

언제나 있는 마음부수와 때때로 있는 마음부수

이번에는 마음부수에 대해 알아보겠습니다. 마음부수의 종류는 모두 52가지입니다. 근본 마음이 있고, 마음의 기능을 수행하는 마음부수가 있습니다. 어떤 마음이든 언제나 있는 마음부수는 일곱 가지입니다. 마음을 왕에 비유하면, 언제나 있는 마음부수는 왕을 항상 수반하는 대신이라고 할 수 있습니다. 언제나 있는 마음부수는 접촉, 느낌, 인식, 의도, 집중, 생명기능, 주의입니다.

근본 마음과 일곱 가지 마음부수의 기능은 다음과 같습니다. 마음은 대상을 아는 것입니다. 접촉은 대상과 접촉하는 것이고, 느낌은 대상에 대한 느낌으로 즐거움, 괴로움, 즐겁지도 괴롭지도 않은 것을 말합니다. 인식은 이미 알고 있던 것을 보고 '저것이 무엇이다'라고 알거나, 모르는 것을 보고 '저것은 이런 것이다'라고 표시를 해서 다음에 볼 때 '그것'이라고 아는 것입니다. 의도는 우리가 무언가를 할 때 가장 앞서는 지도자 같은 것이라고 보면 됩니다. 집중은 대상에 집중하는 것으로 같이 있는 마음부수들을 하나로 모읍니다. 생명기능은 같이 있는 마음과 마음부수들을 유지시킵니다. 주의는 대상으로 향하는 것을 말합니다.

때때로 있는 마음부수는 여섯 가지입니다. 일으킨 생각, 지속적 고찰, 결정, 정진, 희열, 열의입니다. 일으킨 생각은 대상으로 향하는 것, 지속적 고찰은 대상에 계속해서 가는 것, 결정은 대상이 뭐라고 결정하는 것입니다. 그리고 정진은 같이 있는 마음부수들이 그대로 있게끔 노력하는 것이며, 희열은 기쁨, 열의는 무엇을 하고자 하는 의욕을 말합니다.

아름다운 마음부수의 종류와 기능

속행과 등록의 단계에서 유익한 마음이 일어날 때 아름다운 마음부수가 생깁니다. 아름다운 마음부수는 모두 스물다섯 가지인데, 그중 열아홉 가지는 모든 유익한 마음에 공통으로 존재합니다. 믿음, 마음챙김, 부끄러움, 두려움, 탐욕 없음, 성냄 없음, 중립, 몸의 고요함, 마음의 고요함, 몸의 가벼움, 마음의 가벼움, 몸의 부드러움, 마음의 부드러움, 몸의 적합함, 마음의 적합함, 몸의 능숙함, 마음의 능숙함, 몸의 올곧음, 마음의 올곧음이 그것입니다. 한편 유익한 마음의 종류에 따라 다르게 나타나는 여섯 가지 아름다운 마음부수는 절제의 요소인 바른 말·바른 행위·바른 생계, 무량의 요소인 연민·같이 기뻐함, 지혜의 요소인 지혜입니다.

이어서 아름다운 마음부수의 기능을 살펴보겠습니다. 믿음은 자기가 하는 일에 대한 믿음으로 자신이 일을 정확하게 하고 있다는 믿음입니다. 마음챙김은 하고 있는 일에 마음이 가 있는 상태입니다. 부끄러움은 잘못된 행위를 하는 것을 부끄럽게 여기는 것이고, 두려움은 잘못된 행위를 하는 것에 대해 두려움을 느끼는 것을 말합니다. 탐욕 없음은 하는 일에 탐욕이 없는 것이며, 성냄 없음은 하는 일에 성냄이 없는 것입니다. 중립은 하고 있는 일을 평온하게 보는 것을 말합니다. 몸의 고요함은 무언가를 할 때 마음부수들이 고요한 상태입니다. 여기서 몸은 모든 마음부수를 의미합니다. 마음의 고요함은 무언가를 할 때 마음이 고요한 상태를 뜻합니다. 몸의 가벼움은 무언가를 할 때 마음부수들이 가벼운 상태, 마음의 가벼움은 무언가를 할 때 마음이 가벼운 상태입니다. 몸의 부드러움은 무언가를 할 때 마음부수들이 부드러운 상태이며, 마음의 부드러움은 무언가를 할 때 마음이 부드러운 상태입니다. 몸의 적합함은 무언가를 할 때 마음부수들이 적합한 상태이며, 마음의 적합함은 무언가를 할 때 마음이 적합한 상태입니다. 마음부수와 마음이 가볍고 부드러우면 마음부수와 마음이 무언가를 할 수 있는 적합한 상태가 됩니다. 몸의 능숙함은 무언가를 할 때 마음부수들이 능숙한 상태이고, 마음의 능숙함은 무언가를 할 때 마음이 능숙한 상태입니다. 몸의 올곧음은 무언가를 할 때 마음부수들이 올곧은 상태이고, 마음의 올곧음은 무언가를 할 때 마음이 올곧은 상태입니다.

나머지 여섯 가지 아름다운 마음부수 중에서 바른 말은 거짓말, 이간질하는 말, 욕설이나 잡담을 하지 않는 것을 말합니다. 바른 행위는 살아 있는 생명을 죽이거나 무언가를 훔치는 것, 성적으로 잘못된 행위를 하지 않는 것입니다. 바른 생계에는 두 가지 뜻이 있습니다. 하나는 남을 해치는 일에 종사하지 않는 것입니다. 예를 들어 인신매매나 도축, 무기를 밀거래하거나 테러 집단 등에 가담하지 않는 것을 말합니다. 또 하나는 생계 활동을 하면서 바른 말과 바른 행위를 하는 것입니다. 연민은 다른 사람이 고통 없기를 바라는 것입니다. 함께 기뻐함은 다른 사람이 성취한 것을 같이 기뻐하는 것이고, 지혜는 일어나는 것을 지혜로써 보는 것, 즉 있는 그대로 바로 보는 것을 말합니다.

이렇게 아름다운 마음부수가 우리 안에 있으면 우리의 정신은 이들 각각의 마음부수가 작용하는 상태에 있게 됩니다. 그래서 자신감이 생기고, 마음이 안정되어 가볍고, 무엇을 하든지 잘할 수 있는 상태가 됩니다. 보기에도 좋은 상태가 됩니다.

해로운 마음부수의 종류와 기능

이에 반해 해로운 마음은 해로운 마음부수를 만들어 냅니다. 해로운 마음부수는 모두 열네 가지입니다. 어떤 해로운 마음이든지 해로운 마음에는 네 가지 공통되는 마음부수가 있습니다. 바로 어리석음, 부끄러움 없음, 두려움 없음, 들뜸입니다.

어리석음은 지혜가 없는 상태로 대상을 바로 알지 못합니다. 부끄러움 없음은 잘못된 행위에 대해 부끄러워하지 않는 것이고, 두려움 없음은 잘못된 행위에 대해 두려워하지 않는 것을 말합니다. 부끄러움 없음과 두려움 없음에 대해서는 공주와 시녀의 비유로 설명하면 이해가 쉽습니다. 공주는 자신이 잘못된 행위를 했을 때 부끄러워하지만, 시녀는 잘못된 행위에 대해 두려움을 느낍니다. 이러한 부끄러움과 두려움이 없다는 건 우리의 나쁜 행동을 제어하는 장치가 없다는 뜻입니다. 들뜸은 마음이 안정되어 있지 않은 것으로, 대상에 확고히 가 있지 못하고 동요하는 상태를 말합니다.

이 네 가지의 공통되는 해로운 마음부수에 탐·진·치 각각의 마음에 따라오는 마음부수가 더해집니다. 탐욕의 마음에는 탐욕·사견·자만이 따라오고, 성냄의 마음에는 성냄·인색·질투·후회가 따라옵니다. 탐욕의 마음부수가 사견과 함께 오기도 하고, 탐욕과 자만이 함께 오기도 합니다. 그러나 사견과 자만이 같이 올 수는 없습니다. 성냄의 마음도 성냄이 혼자 오기도 하고 성냄과 인색, 성냄과 질투, 성냄과 후회가 같이 오기도 합니다. 그러나 인색과 질투, 후회는 같이 있을 수 없습니다. 마음의 대상이 다르기 때문입니다. 그리고 어리석은 마음에 따라오는 마음부수로는 의심이 있습니다. 지금까지 언급한 마음부수 외에

해태와 혼침이 있습니다. 해태와 혼침은 해로운 마음이 외부의 자극으로 인해 일어날 때 생기는 마음부수입니다.

탐욕은 탐하는 마음입니다. 탐욕은 끈끈이처럼 대상을 거머쥐는 특징이 있습니다. 사견은 잘못된 견해로 이치에 어긋나는 고집을 특징으로 합니다. '내가 있다는 견해(유신견)'가 불교에서 말하는 잘못된 견해의 표본입니다. 모든 잘못이 이 유신견에서 비롯됩니다. 자만은 자신을 높게 생각하는 것이고, 성냄은 화가 나는 것입니다. 질투는 남이 잘된 것을 시샘하는 것입니다. 인색은 자기가 가진 것을 남과 나누기 싫어하는 것으로, 재물이든 정신적인 것이든 자기 것을 남과 나누기 싫어합니다. 후회는 이미 지난 일에 대해 뉘우치거나 안달복달하는 것인데, 여기에는 두 가지 형태가 있습니다. 과거에 행한 나쁜 일을 후회하거나 해야 할 일을 하지 않았음을 후회하는 것입니다. 해태는 나태함이나 게으름이고, 혼침은 마음이 둔하고 무기력한 것입니다. 의심은 분명하게 결정을 못 하고 혼란스럽게 이리저리 생각하는 것입니다. 우리 안에 해로운 마음이 있으면 이러한 해로운 마음부수의 작용 속에 우리 정신이 머물게 됩니다. 유익한 마음의 아름다운 마음부수와는 너무도 다른 정신 상태입니다.

우리가 과거에 있었던 일을 생각하고 앞으로 올 미래를 생각할 때 의문 인식 과정이 시작됩니다. 이때 과거의 일은 인과의 법칙에 의해 필연적으로 일어난 것임을 알지 못하고, 미래는 아직 오지 않은 때라 장차 어떤 일이 벌어질지 알 수 없다는 사실을 모른 채 공연히 자기 마음대로 생각해 버리면 해로운 마음이 일어나게 됩니다. 예를 들어 '그 사람이 나한테 왜 그랬지?' 하는 마음이 생길 때 의문전향이 일어나고, 뒤이어서 속행이 일어납니다. 이때 '그 사람이 나에게 왜 그랬을까, 나는 왜 그랬지' 하면서 과거가 필연적인 이유에 의해 일어난 것임을 알지 못하면 해로운 마음이 됩니다. 마찬가지로 미래에 대해 생각할 때도 '그런 일이 일어나면 어떻게 하지' 하며 실제와 동떨어진 자기만의 생각에 빠지면 해로운 마음이 일어납니다. 과거나 미래를 잘못 생각하면 해로운 마음이 일어나 우리에게 좋지 않은 영향을 끼칩니다. 어떤 불교 주석서에 따르면, 마음은 번갯불이 번쩍하는 사이 또는 눈 한 번 깜짝할 사이에 1조 번 이상 일어나고 사라질 수 있다고 합니다. 일 초에 유익한 마음이나 해로운 마음의 속행이 수도 없이 일어나 우리에게 영향을 줍니다.

52가지 마음부수

언제나 있는 마음부수(7)	접촉, 느낌, 인식, 의도, 집중, 생명기능, 주의	
때때로 있는 마음부수(6)	일으킨 생각, 지속적 고찰, 결정, 정진, 희열, 열의	
아름다운 마음부수	공통(19)	믿음, 마음챙김, 부끄러움, 두려움, 탐욕 없음, 성냄 없음, 중립, 몸의 고요함, 마음의 고요함, 몸의 가벼움, 마음의 가벼움, 몸의 부드러움, 마음의 부드러움, 몸의 적합함, 마음의 적합함, 몸의 능숙함, 마음의 능숙함, 몸의 올곧음, 마음의 올곧음
	절제(3)	바른 말, 바른 행위, 바른 생계
	무량(2)	연민, 같이 기뻐함
	지혜(1)	지혜
해로운 마음부수	공통(4)	어리석음, 부끄러움 없음, 두려움 없음, 들뜸
	탐진치에 따라오는 마음부수(10)	탐욕, 사견, 자만, 성냄, 인색, 질투, 후회, 의심, 해태, 혼침

우리는 감정을 통제할 수 없다

부처님이 발견한 것은 인과의 법칙입니다. 모든 것은 결과를 남긴다는 것입니다. 물질적인 것이든 정신적인 것이든, 일어난 모든 현상은 결과를 가져온다는 말입니다. 물질적인 것은 눈에 보이니 사람들이 그 결과를 알 수 있습니다. 예를 들어 근육이 생기려면 운동을 해야 한다는 걸 압니다. 그러나 정신적인 것은 눈에 보이지 않으니 정신적인 현상이 있을 때, 그 결과가 있다는 사실을 잘 모릅니다. 내가 어떤 생각을 하거나 마음을 먹으면 그것이 분명히 결과를 가져온다는 것을 모릅니다. 그러한 이치를 분명히 알게 되면 순간순간 마음을 다스리면서 살게 됩니다.

하루 종일 무엇을 하든지, 그때 우리에게는 마음이 있습니다. 그 마음이 유익한 것인지 해로운 것인지에 따라 그에 걸맞은 결과가 돌아오고, 그것이 우리에게 영향을 미칩니다. 틱낫한 스님은 우리가 하는 모든 일에는 우리의 사인이 들어 있다고 말합니다. 나중에 스스로 그 일에 대해 책임을 져야 한다는 얘기입니다. 그리고 인과의 법칙은 '업설(業說)'로도 불립니다.

불교에서는 느낌과 감정 역시 조건이 형성되면 생겨난다고 봅니다. 즉 모든 것이 인과의 법칙에 따라 일어나는 현상이라는 말입니다. 잘 관찰해 보면 그 사실을 알 수 있습니다. 보통 우리는 슬프거나 화가 날 때 스스로 그렇게 느꼈다고 생각하지만, 그것은 사실이 아닙니다. 슬픈 조건이 있기 때문에 슬픈 것입니다. 기쁨도 마찬가지입니다. 내가 기뻐했다고, 기쁜 감정을 의도적으로 느꼈다고 말하면 정확히 나의 느낌과 감정을 아는 게 아닙니다. 그런 조건이 마련되었기에 일어난 것입니다. 감정은 결과에 해당한다고 볼 수 있습니다.

유대인계 정신과 의사로 아우슈비츠 수용소에 3년간 갇혀 있었던 빅터 프랭클(Viktor Frankl)이 자신의 경험을 토대로 쓴 책 『죽음의 수용소에서』를 보면 감정이란 어떤 것인지 잘 알 수 있는 대목이 나옵니다. 그는 자신이 살아서 수용소 문을 나가면 얼마나 기쁠까 하고 항상 생각했는데, 완전히 자유의 몸이 되어 수용소 밖으로 나오기 전 몇 시간 동안 그곳 사람들과 자유롭게 수용소를 나갈 기회가 있었습니다. 그런데 그때 기쁘지가 않은 겁니다. 의아하게 생각하던 중에 모두가 다시 막사에 모였을 때 한 사람이 은밀하게 다른 사람에게 묻는 것을 들었습니다. "이야기해 보게. 오늘 자네 기쁘던가?" 그러자 질문을 받은 그 사람이 거기 모인 사람들 역시 비슷한 감정에 젖어 있다는 사실을 몰랐는지 부끄러운 듯이 대답했습니다. "정말이지, 기쁘지 않았다네!"

이 대화를 듣고 빅터 프랭클은 책에 이렇게 썼습니다. "우리는 문자 그대로 기쁨을 느낄 수 있는 능력을 상실하고 말았던 것이다. 아마도 천천히 기쁨을 맛볼 수 있는 기능을 다시 배워야만 하리라." 그의 말에서 감정은 우리가 느끼고 싶다고 해서 느낄 수 있는 것이 아니라, 그럴 수 있는 조건이 되어야만 느낄 수 있는 것이라는 사실을 알 수 있습니다.

부처님의 가르침은 인과의 법칙을 근간으로 하여 여러 가지가 있지만, 그중 '무아(無我)'가 가장 중요하다고 볼 수 있습니다. 무아라고 해서 내가 없는 것이 아닙니다. 우리에게는 몸과 마음이 있습니다. 다만 인과의 법칙에 따라 몸과 마음이 있는 것이고, 그것이 인과의 법칙에 따라 작동될 뿐 우리 마음대로 되지 않습니다. 몸과 마음에서 우리가 통제할 수 있는 것은 아무것도 없습니다. 이것이 무아의 진정한 의미입니다.

부처님이 깨달음을 얻은 후 첫 제자인 5비구에게 두 번째로 설한 법문인 『무아특징경』에는 오온, 즉 몸과 마음이 내 것이 아니므로 고통이 따른다는 가르침이 나옵니다. 이 법문을 듣고서 5비구는 아라한이 됩니다. 만약 몸이 자아, 즉 내 것이라면 우리는 몸을 마음대로 쓸 수 있어야 합니다. 예를 들어 키를 늘리고 머리카락 색을 바꾸고 외모를 바꿀 수 있어야 합니다. 그러나 우리는 그렇게 할 수 없습니다. 내 것이라고 생각하는 몸을 내 마음대로 할 수 없기 때문에 우리의 바람과 현실 사이에 간극이 생기고, 그 간극만큼 우리는 고통을 겪습니다.

이어서 부처님은 '느낌은 자아가 아니다. 그래서 고통이 따른다. 무아이기 때문에 고통이 따른다'고 말합니다. 만약 느낌이 내 것이어서 마음대로 조절할 수 있다면, 우리는 항상 즐거운 느낌만 가질 것입니다. 우울할 때 내 마음대로 기분 좋은 상태로 넘어갈 수 있다면, 아무도 정신과 의사를 찾아오지 않을 것입니다.

부처님은 인식에 대해서도 똑같이 말합니다. 만약 아는 사람을 만나면, 우리는 그 사람을 알아볼 수밖에 없습니다. 그 사람을 알아보는 게 괴로운 일이라서 못 알아봤으면 좋겠다고 생각해도, 그것은 불가능합니다. 의도에 대해서도 '의도는 내 것이 아니기 때문에 괴로움이 따른다. 내가 이래라저래라할 수 없다'고 말합니다. 좋은 의도가 일어나려면 그럴 수 있는 조건이 되어야지 마음대로 그렇게 할 수 없습니다. 마음 역시 마찬가지입니다. 부처님은 '마음은 자아가 아니다. 그래서 고통이 따른다. 무아이기 때문에 고통이 따른다'고 말합니다. 마음도 조건에 따라 일어나는 것이지, 조건을 무시하고 뜻대로 어떤 마음이든지 낼 수는 없습니다.

정확하게 보아야 답이 보인다

부처님 가르침의 핵심은 사성제(四聖諦)입니다. 사성제는 고성제(苦聖諦), 집성제(集聖諦), 멸성제(滅聖諦), 도성제(道聖諦)입니다. 고성제는 인간이 어떤 상황 속에 있는지를 말합니다. 인간은 본질적으로 괴로움을 피하기 어려운 존재라는 것을 밝힌 것이 고성제입니다. 인간은 누구나 태어나고, 늙고, 병들고, 죽고, 사랑하는 사람과 헤어져야 하고, 싫은 사람과 만나야 하고, 원하는 것을 얻지 못하는 괴로움을 겪을 수밖에 없습니다. 그것은 집착된 몸과 마음을 가지고 있기 때문이라는 것입니다.

집성제는 괴로움의 원인이 갈구하는 집착인 갈애라고 밝힌 것입니다. 갈애에는 세 가지가 있습니다. 감각적 욕망에 대한 갈애, 존재에 대한 갈애, 비존재에 대한 갈애입니다. 비존재에 대한 갈애는 존재하고 싶지 않은 갈망을 말합니다.

멸성제는 갈애가 완전히 멸한 상태가 가능하다는 것입니다. 어떤 사람은 인간이 괴로움에서 근본적으로 벗어날 수 없다고 생각합니다. 하지만 부처님은 괴로움의 원인인 갈애를 완전히 없앨 수 있고, 그 결과 괴로움에서 완전히 벗어날 수 있다고 말합니다. 부처님과 제자들이 그러한 경지에 도달했습니다. 누구든지 올바르게 노력하면 괴로움 없이 살 수 있습니다.

도성제는 괴로움을 완전히 멸하는 방법입니다. 팔정도라고 부르는 여덟 가지, 즉 정견·정사유·정어·정업·정명·정정진·정념·정정을 실천하면 괴로움을 완전히 멸할 수 있다는 것입니다. 먼저 정견은 바로 보는 것입니다. 정사유는 바로 본 것을 바탕으로 이렇게 해야 되겠다고 마음먹는 것입니다. 정사유는 세속적인 것을 추구하지 않는 사유, 성냄이 없는 사유, 해치지 않는 사유를 말합니다. 정어는 바른 말, 정업은 바른 행위, 정명은 바른 생계 수단으로 살아가는 것을 말합니다. 정정진은 자신에게 있는 선법은 더 발전시키고, 아직 있지 않은 선법은 일으키려고 노력하고, 이미 있는 악법은 없애고, 아직 있지 않은 악법은 일어나지 않도록 노력하는 것입니다. 정념은 몸과 느낌, 마음, 법을 알아차리는 것으로 사념처 수행을 말합니다. 정정은 마음이 하나로 집중된 상태인 선정을 성취하는 것으로 초선, 이선, 삼선, 사선의 사선정을 말합니다.

괴로움을 없애는 방법인 팔정도는 정견으로 시작됩니다. 그만큼 바로 보는 것이 중요하다는 뜻입니다. 보는 것에 따라 감정이나 태도, 행동이 일어나기 때문입니다. 그래서 정확하게 보는 게 필요합니다. 정확하게 보고 일어난 현상에 적절히 작용을 해야 원하는 결과가 나오지, 그와 동떨어진 행동을 해서는 기대한 결과가 나오지 않습니다. 예를 들어 나이가 들면 혈압이 높아집니다. 혈압이 높으면 내과를 갑니다. 내과를 가면 혈압 약을 권하는데, 혈압이 높을 때 혈압 약을 먹으면 혈압이 떨어집니다. 제 생각에 혈압이 오르는 것은 대개 네 가지 이유 때문인데, 첫째가 심리적인 영향입니다. 둘째는 체중, 세 번째는 운동, 네 번째는 음식입니다. 혈압이 높을 때 이런 것들을 변화시키지 않고 약을 쓰면, 당장은 혈압이 떨어질지 몰라도 혈압을 높인 원인이 그대로 남아 또 다른 문제를 일으킵니다. 당뇨가 생기거나 콩팥에 문제가 생길 수도 있는 것입니다. 따라서 가장 중요한 것은 혈압을 높인 요인을 찾아내 그것을 해결해서 혈압을 떨어뜨리는 것입니다. 먼저 원인에 대해 조치를 취하고, 그래도 혈압이 안 떨어지면 그때 약을 먹으면 됩니다. 그러면 혈압도 떨어지고 다른 문제도 발생하지 않습니다. 이렇듯 우리에게 작용하는 것을 정확히 아는 것이 굉장히 중요합니다.

어떤 사람이 어떤 감정을 가졌다면, 그것을 가질 만한 원인을 갖고 있기 때문입니다. 어떤 환자가 제게 허무감에서 벗어나고 싶다고 말했습니다. 불교정신치료를 하는 입장에서 볼 때, 허무감이 생기는 이유는 그것이 올 만한 무언가를 그 사람이 가졌기 때문입니다. 그래서 환자에게 물었더니 그는 "인생 별거 없고 이러다 죽는다"라고 말했습니다. 이런 경우 허무감에서 벗어나려면 보는 것이 달라져야 합니다. 보는 것이 달라지지 않으면 변화가 오지 않습니다.

이런 측면에서 볼 때, 불교는 뭐든지 정확히 보고 난 뒤에 자신에게 최선의 선택을 하라는 가르침입니다. 부처님 역시 정확히 보고 자신에게 제일 좋은 것을 택한 것입니다. 그것이 보편적인 진리에 입각했기 때문에 우리에게도 마찬가지로 적용됩니다. 간혹 불자 중에 자신에게 해로운 일을 하는 사람이 있는데, 이것은 제대로 불교를 이해하고 실천하는 게 아닙니다. 진정한 불자라면 언제나 자신에게 이득이 되는 일을 할 수 있어야 합니다.

나아가 바로 보는 것을 바탕으로 바른 의도인 정사유가 일어납니다. 그리고 바른 의도를 가지면 바른 말과 바른 행동, 그리고 바른 수단으로 생계를 꾸려 나가게 됩니다. 모든 것의 바탕에 정견이 있으니 항상 바른 노력을 통해 자신에게 도움이 되도록 매 순간을 살아가게 되는 것입니다. 또한 그러한 바른 노력 위에서 자신의 몸과 마음을 있는 그대로 관찰하는 사념처 수행을 하고, 마지막으로 선정을 성취합니다. 이렇게 팔정도를 실천함으로써 몸과 마음을 가진 존재가 가질 수밖에 없는 괴로움을 완전히 없앨 수 있습니다.

우울은 성냄의 마음이다

아비담마의 관점에서 보면 우울은 해로운 마음이 일어나는 것입니다. 해로운 마음 중에서 성냄이 있는 마음입니다. 성냄의 마음은 일어나는 모든 일이 다 그럴 만한 이유가 있는데도, 그것을 부인하고 받아들이지 않고 화를 내는 것을 말합니다. 성냄이 있으면 해로운 마음의 정신 인식 과정이 일어나고 정신 인식 과정의 속행과 등록에서 해로운 마음의 마음, 마음부수가 일어납니다. 기본적으로 해로운 마음에 공통되는 네 가지 마음부수인 어리석음, 부끄러움 없음, 두려움 없음, 들뜸이 있습니다. 만약 외부의 자극을 받아서 우울한 감정을 갖게 되었거나, 꼭 외부의 자극이 아니더라도 우울로 인해 마음이 게을러지고 명료하지 못하다면, 해태와 혼침의 마음부수가 추가로 생겨납니다.

마음에는 기본적으로 느낌이 있습니다. 우울은 괴로운 느낌입니다. 그래서 우울에는 괴로운 느낌의 마음부수가 있습니다. 우울 자체는 성냄의 마음부수 중 성냄에 해당됩니다. 성냄의 마음부수에는 다른 세 가지가 있습니다. 인색, 후회, 질투입니다. 보통 우울한 사람은 다른 사람과 비교해서 우울해집니다. 비교의 결과 질투가 있으면 질투의 마음부수가 있습니다. 그리고 우울한 상태에서 내가 가진 것을 남과 나누지 않으려고 하면 인색이 있습니다. 이 경우에 우울에는 인색의 마음부수가 있습니다. 또 우울한 사람에게는 후회가 많은데, 거기에는 후회의 마음부수가 있습니다.

우울의 발생에 탐욕의 마음이 작용하면 탐욕의 마음부수인 탐욕, 사견, 자만이 작용할 수 있습니다. 먼저 현실적으로 이루어질 수 없는 것을 바라는 마음이 있으면 우울에 탐욕이 있습니다. 그리고 우울에 뭔가 잘못 생각하는 것이 작용하면 사견이 있을 수 있습니다. 남과 비교해서 자만심이 발동하여 그것 때문에 우울하다면 자만의 마음부수가 작용한 것입니다. 그리고 어리석음이 우울의 발생에 관계된다면, 그리고 이때 의심이 있다면 어리석음의 마음부수인 의심이 작용할 수 있습니다.

이렇듯 불교의 눈으로 본 우울은 괴로운 느낌의 마음부수와 어리석음, 부끄러움 없음, 두려움 없음, 들뜸, 성냄의 마음부수가 분명히 있고 질투, 인색, 후회, 탐욕, 사견, 자만, 해태, 혼침, 의심의 마음부수가 있을 수 있는 상태입니다.

불교정신치료의 세 가지 원리

불교정신치료는 세 가지에 입각해 있습니다. 하나는 실제를 있는 그대로 보는 것입니다. 왜 정신적인 문제가 생겼는지, 그것을 있는 그대로 알려고 노력합니다. 사실 실제를 있는 그대로 알기란 무척 어렵습니다. 그럼에도 우리는 실제에 가까이 다가서는 노력을 할 수 있습니다. 어떤 이론이나 치료자의 생각이 아니라,

실제를 있는 그대로 보려고 노력하는 것이 무엇보다도 중요합니다. 모든 일과 현상은 실제에 따라 일어나기 때문입니다. 실제를 정확하게 보더라도 문제의 해결은 결코 쉬운 일이 아닙니다. 그런데 실제와 다르게 잘못 보면 해결이 어렵습니다.

두 번째로 불교정신치료에서는 모든 일이 인과의 법칙에 따라 일어난다고 봅니다. 실제가 어떤 원인과 결과로 나타난 것인가에 초점을 둡니다. 정신적인 것은 눈에 보이지 않기 때문에 잘 관찰하면서 여러 가지로 시도해 보고, 그 결과를 지켜봐야 원인을 알 수 있습니다.

마지막으로 불교정신치료는 정신적인 문제를 해결하기 위해서 정신 작용의 속성을 잘 알아야 한다고 봅니다. 우울증 역시 이 세 가지에 기반하여 치료해야 합니다. 물론 불교정신치료에서도 현대 정신의학의 치료법을 활용하기도 하고, 필요한 경우 약을 쓰기도 합니다. 올바르고 도움이 되는 것을 잘 활용하는 것 역시 지혜로움이며, 그것이 불교의 핵심이기 때문입니다. 앞으로 나올 우울증 치료에 관한 이야기에는 지금까지 말한 불교정신치료의 원리가 모두 담겨 있다고 보면 됩니다.

우울한 사람은 두 개의 삶을 산다

제가 오랜 세월 공부하고 경험한 것에 비추어 봤을 때, 우울한 사람에게는 대개 두 개의 삶이 있습니다. 하나는 실제로 자신에게 진행되는 삶입니다. 또 하나는 자기가 살고 싶은 삶입니다. 이 두 가지 삶이 갖는 차이의 크기만큼 사람은 우울해집니다. 잘 살고 싶은데 그렇지 못하면 자신에게 화가 나고, 그것과 관계된 주위 사람에게 화가 나고, 내가 살고 있는 사회가 싫어집니다. 실제의 삶은 인과의 법칙에 따라 진행되고, 우리에게는 그런 삶밖에는 없음에도 불구하고 마음속에 다른 삶이 하나 더 있는 것입니다. 항상 현재 진행되는 삶과 내가 생각하는 삶 사이에 차이가 있습니다. 그 차이만큼 힘들어집니다. 현재 삶에 불만이 있고, 현재 삶을 받아들이지 못해서 우울이 생깁니다. 만약 우리가 현재의 삶만을 가지고 산다면, 순간순간 사는 게 힘들 수는 있어도 우울해지진 않을 것입니다.

우울을 바르게 봐야 합니다. 바르게 봐야 올바른 마음이 생기고, 그에 따른 적절한 행동이 생기기 때문입니다. 우울을 바르게 보아서 지금 내 삶이 실제의 삶과 내가 바라는 삶으로 나뉘지 않도록 하는 것이 중요합니다. 그렇게 하기 위해서는 인과의 법칙에 밝아야 합니다. 자녀가 속을 아프게 하고 나의 노력을 알아주지 않아서 허무하고 우울할 수 있습니다. 이때 정확히 보면 그런 상황은 그렇게 될 수밖에 없는 과정을 겪은 것입니다. 그런 삶에서 시작을 해야만 변화가 가능합니다. 현재를 받아들이지 않고 다른 것을 바라면 변화는 일어나지 않습니다.

사업, 인간관계, 건강 등 삶의 모든 측면에서 무엇이 일어나는지를 보고, 내가 원하지 않은 일이 일어났을 때는 실제 삶에 근거하여 바르게 조치를 취해야 합니다. 그러지 않고 단지 바라기만 해서는 어떤 일도 일어나지 않습니다. 자신이 원하는 방향으로 삶을 바꾸려는 노력과 더불어 원하지 않은 일이 일어날 때 어떻게 반응하느냐도 중요합니다. 바르게 반응하지 못하면 그것 때문에 생기는 또 다른 문제로 시간을 써야 합니다.

우리에게 원치 않은 일이 일어날 때는 항상 두 가지를 해야 합니다. 먼저 일어난 일에 건강하게 반응을 해야 하고, 그런 일이 다시 일어나지 않도록 노력해야 합니다. 이때 건강한 반응이란 어떤 일이든 그 일이 일어날 만한 조건이 있었기에 그렇게 되었음을 알고, 그 일을 통해 새롭게 무언가를 배우려는 자세입니다. 그렇게 하면 내 자신이 더 좋아집니다.

상황이 나쁠 때 우리는 지금이 최악이라고 생각합니다. 그러나 상황은 더 나빠질 수 있습니다. 지나고 보면 과거가 더 나았다고 생각되는 경우를 많이 경험해 보았을 것입니다. 자신이 처한 상황이 아주 안 좋다고 여겨질 때 자살을 생각하는 사람이 있습니다. 참 안타까운 경우입니다. 이들은 자살을 하나의 탈출구로 봅니다. '상황이 나빠지면 죽어 버리면 되지.' 이렇게 생각하면서 상황을 더 악화시키는 선택을 합니다. 예를 들어 주식에 투자했는데 많은 돈을 잃고 달랑 집 한 채만 남았다고 해 봅시다. 이때 '이번에도 안 되면 그냥 죽어 버리지 뭐' 하고 집을 담보로 또 투자를 해 버리면 어떻게 될까요? 상황이 더 악화될 것입니다. 자살을 탈출구로 삼으면 이런 일이 벌어집니다.

자살을 하면 큰일이 납니다. 자살은 매우 좋지 않습니다. 부처님이 말하길, 다음 생을 결정하는 요인으로 세 가지가 있다고 했습니다. 첫째, 이생에서 한 일. 둘째, 이생 이전에 무수한 과거의 생에서 한 일들. 셋째, 죽음의 순간에 일어난 일입니다. 이들 중 하나가 다음 생을 결정합니다. 자살은 강력한 업으로 다음 생을 결정하는 데 중요한 요인이 됩니다. 왜냐하면 자살은 성냄이 매우 강한 상태이기 때문입니다. 이 강력한 성냄에 의해 다음 생이 결정되면 끔찍한 결과가 따라옵니다. 지금 겪는 괴로움은 자살로 인해 돌아올 결과에 비하면 아무것도 아닙니다. 결코 죽음은 해결책이 아닙니다. 죽음을 해결책으로 생각하면 상황이 점점 더 나빠질 수 있습니다. 최선의 방법은 지금 안 좋은 상황이 더 나빠지지 않도록 유지하면서 상황이 호전될 수 있는 조치를 하는 것입니다.

우리가 살면서 당연하다고 생각하는 것이 많습니다. 그러나 어떤 것도 당연한 것이 아닙니다. 몸이 아프면 안 아프고 자유롭게 움직일 수 있는 것, 음식을 잘못 먹고 설사가 나면 잘 먹고 설사 걱정 없이 잘 다니는 것의 중요성을 알게 됩니다. 이것을 모르면 불만이 시작됩니다. 지금 벌어지는 일은 그 일이 있기까지 과정이 있었기에 가능했던 것입니다. 이 사실을 알면 지금의 일이 소중하고, 그것에 감사하는 마음을 가지게 됩니다. 부처님은 여러 경전에서 만족을 굉장히 중요한 덕목으로 강조합니다. 인과의 법칙에 대한 지혜가 있고, 지혜에 의해 지금이 소중함을 알 때, 그때 비로소 만족이 오기 때문에 만족한 상태는 지혜로운 상태라고 할 수 있습니다.

어떤 조건이 되면 어떤 상태가 됩니다. 우울도 결국 결과입니다. 우울은 우울이 있게 되는 원인에 의한 결과입니다. 우리는 원인에 의해 일어나는 결과를 통제할 수 없습니다. 하지만 그 결과에 적절한 방식으로 반응을 할 수는 있습니다. 따라서 우리는 결과를 바꾸려고 하지 말고, 그 결과에 대한 올바른 반응을 할 수 있도록 노력해야 합니다.

저는 어떤 사람을 판단할 때 그 사람에게 일어난 일로 판단하지 않고, 그 일에 어떻게 반응하느냐를 보고 그 사람을 판단합니다. 만약 건강하게 반응한다면 그 사람은 지혜로운 사람이고 미래가 보장된다고 생각합니다. 진료실에서 만난 30대 중반의 한 환자는 사업을 크게 하고 있었는데, 사업이 망하면 자기 인생이 끝이라고 말했습니다. 저는 이런 사람을 딱하게 봅니다. 사업을 크게 할 수 있었던 건 그에게 실력이 있다는 뜻입니다. 여태 해 왔듯이 앞으로도 자기 안에 있는 능력을 발휘하면, 한 번은 망하더라도 다음에는 다시 잘될 수 있습니다. 그렇지만 사업이 안 되었을 때 끝장이라고 생각하고 더 이상 노력하지 않으면 좋은 결과가 올 리 없습니다.

우리에게 일어나는 일에 대해 무엇이 원인이고 무엇이 결과인가를 잘 봐야 합니다. 우울할 때, 거기에 해로운 마음이 작용해서 우울한 상황이 더 악화되지 않도록 해야 합니다. 우리의 반응이 또 다른 새로운 결과를 가져옵니다. 우울에서 벗어나기 위한 올바른 노력은 어떤 상태든지 그럴 만한 이유가 있기 때문이라는 것을 아는 데서 시작합니다. 절대로 자신을 자책하거나 주위 사람을 질타하면 안 됩니다. 자책은 욕심이 있다는 뜻입니다. 어떤 일이든지 일어날 만해서 일어나는데, 그것을 지나고 난 뒤의 관점에서 보면 잘못 보기 쉽습니다. 당시에 필연적인 과정으로 벌어진 일을 지금의 관점에서 보면 잘못 보기 쉽습니다. 이는 탐진치가 작용한 것이기 때문에 일어난 일을 있는 그대로 보지 못하고, 잘못 반응하여 상황을 더 악화시킬 수 있습니다. 그렇게 하기보다는 조건을 바꿔서 변화를 불러오도록 하는 것이 우울에서 벗어나는 올바른 노력입니다.

내 마음은 내 것이 아니다

몸이 아플 때 마음이 아프지 않도록 노력하는 것이 우울증을 예방하는 데 매우 중요합니다. 왜냐하면 몸이 아플 때 우울로 들어가는 경우가 많기 때문입니다. 몸은 언젠가 아프게 됩니다. 한 번도 아프지 않은 사람은 없습니다. 몸이 한 번도 아프지 않으면 그것대로 큰일입니다. 몸이 아프지 않으면 우리 몸에 면역체계가 발달하지 못하기 때문입니다. 몸이 아픈 것은 진리입니다. 다만 이때 마음이 같이 아프지 않도록 훈련해야 합니다.

예를 들어 음식을 먹고 탈이 나면 일단 몸이 아픕니다. 그런데 이때 '이 고통이 며칠이나 더 갈까? 출근은 할 수 있을까? 내가 왜 이러지? 그 음식점이 뭔가를 잘못했겠지?' 하면서 부정적인 감정이 일어나면 마음도 같이 아프게 됩니다. 몸이 아프면 짜증부터 내는 사람이 많습니다. 그러면 주위에도 좋지 않은 영향을 줍니다. 집에 어른이 아프면 애들이 눈치를 봅니다. 아프면 화를 내기 때문입니다. 몸이 아프지만 마음이 평안해서 가족이 신경을 안 쓰는 사람이 되려면 훈련을 해야 합니다.

마음이 아프지 않도록 하려면 몸의 속성을 아는 지혜가 필요합니다. 먼저 몸이 아픈 것은 몸이 아플 만한 원인이나 조건이나 과정이 있었기 때문에 그런 것입니다. 그 원인이나 조건이나 과정에 어떤 조치를 못 했기 때문에 몸이 아픈 것입니다. 말하자면 몸이 아픈 것은 결과입니다. 그 결과에 어떻게 반응하느냐가 새로운 결과를 가져옵니다.

몸이 아플 때 마음이 덩달아 아프면 두 가지 안 좋은 결과가 따라옵니다. 첫째, 몸의 회복이 더뎌집니다. 우리 몸은 아플 때 나름의 경과를 밟습니다. 아픔이 몇 시간을 갈 수도 있고, 며칠이나 그 이상 갈 수도 있습니다. 마음이 아프면 이런 경과에 안 좋은 영향을 미칩니다. 어떤 사람은 몸이 아플 때 짜증을 내면 덜 아프다고 생각하는데, 사실은 반대입니다. 이것이 몸이 아플 때 마음이 아프면 안 좋은 결과의 하나입니다.

둘째, 고통이 배가 됩니다. 몸도 아프고 마음도 아파지는 것입니다. 비유하면 이미 몸에 아픈 화살을 하나 맞았는데, 마음에 다시 화살을 하나 더 맞는 것과 같습니다. 이런 사실을 알고 몸이 아플 때 마음이 아프지 않도록 해야 합니다. 몸이 아플 때는 그 아픔과 싸우지 말고 마음을 편안히 하면서 그 상태에서 자신이 할 수 있는 일이나 필요한 일을 하면 됩니다. 다른 방법도 있습니다. 평소 명상을 통해 몸을 관찰해 보면 우리 몸이 조건에 따라 변한다는 사실을 알게 됩니다. 몸은 우리 말을 듣지 않습니다. 조건에 따라 변하면서 원하지 않는 괴로움을 우리에게 안겨줍니다. 그런 몸을 우리 마음대로 할 수 있는 우리 것이라고 할 수 없습니다. 이 사실을 잘 알고 있으면서 몸이 아플 때, 몸은 원래 그런 것이라고 생각하면서 동요 없이 아픈 몸을 받아들이면 됩니다. 몸이 아플 만한 이유가 있다고 생각하면, 거기에 마음이 따라가지 않습니다. 그러면 몸이 아플 때 마음이 아프지 않습니다. 먼저 몸이 아플 때 마음이 아프지 않도록 훈련하고, 이것이 잘되면 마음이 아플 때 거듭 마음이 아프지 않도록 해야 합니다.

마음이 아플 때 거듭 마음이 아프다는 건 무슨 말일까요? 예를 들어·보겠습니다. 아주 친한 친구가 나를 배신하면 큰 충격에 빠질 것입니다. 이것이 마음이 아픈 상태입니다. 여기에서 더 나아가서 배신감에 치를 떤다든가, 다시는 사람을 믿지 않겠다고 생각한다든가 하면 2차로 마음이 괴로워집니다. 또 가까운 사람이 세상을 떠났을 때, 그 슬픔을 이기지 못하고 스스로 목숨을 끊기도 합니다. 이것이 '거듭 마음이 아프다'는 말의 의미입니다.

자세히 들여다보면, 마음이 아픈 것은 그럴 만한 원인이나 조건이나 과정이 있었기 때문이라는 걸 알 수 있습니다. 몸의 경우보다 알기 어렵습니다. 사람들은 이것을 관찰하지 못하기 때문에 자신이 슬퍼했다고 생각합니다. 기쁨도 마찬가지입니다. 마음이 어떤 상태에 있든지, 그럴 만한 원인과 조건과 과정이 있었다고 생각하면서 있는 그대로 받아들이면 거듭해서 마음이 아픈 일이 벌어지지 않습니다. 보통 우리는 1차로 마음이 아플 때, 2차 3차로 마음 아플 일을 계속해서 만들어 냅니다. 수없이 많은 화살을 맞는 것입니다.

마음은 내 것이 아닙니다. 마음은 조건에 따라 변하고, 또 원하지 않은 것을 내게 안겨 줍니다. 이런 마음이 내 것이 아니라고 언제나 알고 있는 사람은 마음이 아플 때 '마음이 그런 상태에 있다'라고 알고 2차 반응을 일으키지 않습니다. 묘한 것이 우리 몸은 회복하는 데 시간이 걸립니다. 경우에 따라 몇 시간이 걸리기도 하고 며칠이 걸리기도 하고 더 걸릴 수도 있습니다. 그런데 마음은 순식간에 바뀝니다. 마음이 아플 때 거듭 마음을 아파하지 않으면, 최초에 아팠던 그 마음도 따라 바뀝니다. 이렇게 몸과 마음이 아플 때 마음을 잘 다스리면, 그것을 받아들이지 못했을 때 오는 우울을 방지할 수 있습니다.

우울에서 벗어나는 법

우울은 마음에서 생깁니다. 따라서 먼저 그것과 관련된 우리의 마음 속성을 알 필요가 있습니다. 우리 존재는 세 가지로 이뤄져 있습니다. 몸, 마음, 마음이 가 있는 대상입니다. 일반적으로 우리는 몸과 마음으로 이루어져 있다고 알지만, 자세히 보면 대상이 있습니다. 마음은 항상 대상에 가 있습니다. 대상에 가 있지 않은 마음은 없습니다. 그리고 마음 없는 몸도 없기 때문에 대상 없는 몸도 없습니다. 그래서 우리 존재를 잘 알려면 몸과 마음의 상태, 그리고 마음이 가 있는 대상을 잘 알아야 합니다. 우리 마음이 어디에 가 있는지 항상 지켜봐야 한다는 말입니다.

우울한 이유는 우리 마음이 우울한 대상에 가 있기 때문입니다. 이럴 때 우울을 극복하기 위해서는 마음을 현재로 돌아오게 하는 게 가장 좋은 방법입니다. 현재에 집중하는 마음은 유익한 마음입니다. 우리에게 엄청난 지혜가 있어서 탐진치가 없는 유익한 마음을 일으키는 것이 아닙니다. 현재 일어난 일에 집중하면 유익한 마음이 되고, 아름다운 마음부수가 일어납니다. 우울은 해로운 마음부수가 오랫동안 지속되어서 생기는 것이기 때문에 유익한 마음을 계속해서 일으키면 우울에서 회복됩니다. 유익한 마음 상태가 되는 가장 간단한 방법은 현재에 집중하는 것입니다. 현재에 집중해 유익한 마음이 되었을 때 우울증 치유가 시작됩니다.

현재에 집중하는 가장 간단한 방법은, 아침에 눈을 떠서 밤에 잠들 때까지 지금 하는 일에 집중하는 것입니다. 양치할 때는 양치하는 데 집중합니다. 그러다 과거의 생각이 일어나면 '과거는 이미 지나갔다'고 받아들이고, 미래의 생각이 일어나면 '미래는 모른다'고 받아들입니다. 그리고 다시 이를 닦는 데 집중합니다. 현재에 집중하는 또 다른 팁으로는, 하루 종일 어떤 일을 할 때 소리가 나지 않도록 하는 것입니다. 소리가 나지 않게 행동하려면 자연스럽게 하는 일에 집중하게 됩니다. 이런 방식으로 현재 하는 일에 집중하면 지혜와 마음의 힘이 생겨서 놀라운 변화가 일어납니다. 당장은 실감이 안 날 수도 있지만, 제 말을 믿고 꾸준히 실천하기 바랍니다. 더불어 대인관계 역시 좋아질 것입니다.

현재에 집중하는 것과 반대는 생각하기입니다. 생각은 과거와 미래로 향합니다. 현재에 집중하는 것은 깨어 있는 것이고, 과거와 미래로 가는 것은 꿈을 꾸는 것과 같습니다. 꿈속에서는 아무것도 실제로 할 수 없습니다. 꿈에서 깨어나 뭔가를 해야 합니다. 우울도 꿈속에서 일어난 일이라고 볼 수 있습니다. 그러니 꿈에서 깨어나야 우울에서 벗어날 수 있습니다. 마음이 자꾸 과거와 미래로 향하면 '꿈으로 들어가는구나' 하고 재빨리 알아차리고, 꿈에서 깨어 현재로 돌아오도록 노력해야 합니다. 우리는 꿈꾸는 데 익숙합니다. 늘 깨어 있는 데 익숙하도록 노력해야 합니다.

명상도 정신건강을 지키고 우울을 벗어나는 데 도움이 됩니다. 명상은 여러 가지로 정의할 수 있지만, 핵심은 현재 대상에 집중하는 것을 말합니다. 명상의 대상은 호흡이 될 수도 있고, 걷는 동작이나 지금 하는 일이 될 수도 있습니다. 만약 호흡을 대상으로 삼는다면, 조용히 혼자 있을 때 편안한 자세로 허리를 세우고 앉아서 코끝으로 숨이 들어가고 나가는 것을 지켜보면 됩니다. 혹은 숨을 들이쉬고 내쉴 때 배가 나오고 들어가는 것을 지켜봐도 좋습니다. 길을 걸으며 발을 들고 내딛는 동작을 지켜보는 것도, 설거지를 할 때 손이 움직이고 손에 물이 닿는 느낌을 느껴 보는 것도 다 명상일 수 있습니다. 현재에 집중하면서 지금 무엇이 일어나고 있는지 알아차릴 수 있으면, 그것이 바로 명상입니다. 명상을 하다가 어떤 생각이 들면, 그 생각을 그대로 내려놓고 현재로 돌아오면 됩니다. 평소 이렇게 명상하는 습관을 들이면 정신을 건강하게 돌보는 데 큰 도움이 됩니다.

우울증은 아주 힘든 정신적인 문제입니다. 우리가 살아가는 데는 많은 힘이 필요한데, 우울증은 정신적인 에너지가 상당히 떨어진 상태라서 살아갈 힘이 부족합니다. 그래서 순간순간 살기가 힘든 것입니다. 이럴 때 우울증 약이 도움이 되기도 합니다. 우리 뇌에서는 신경전달물질이 분비되는데, 이것이 정신 활동에 영향을 줍니다. 우울증에는 세로토닌이라고 하는 신경전달물질을 높여주는 약을 쓰면 상태가 호전됩니다. 약이 잘 듣는 경우에는 그 효과가 매우 드라마틱하게 나타나기도 합니다.

살다 보면 제아무리 마음을 긍정적인 방향으로 쓰려고 노력해도 잘 안 되는 경우가 있습니다. 그럴 때는 약을 써야 합니다. 약을 사용할 때 중요한 점은 약에 의존하지 않는 것입니다. 올바른 행동을 하기 위한 발판을 마련한다는 의도로 약을 먹어야 합니다. 아까도 얘기했듯이 우리가 어떤 상태에 빠지게 되면 다 그렇게 될 만한 이유가 있어서입니다. 그것이 변해야 지금 상태를 벗어나고 다시는 그 상황에 빠지지 않는 근본적인 치료가 이뤄집니다. 약을 먹더라도 올바른 노력을 하는 자세가 필요하다는 이야기입니다. 올바른 노력의 결과로 상태가 나아지면 그만큼 약을 줄일 수 있고, 약을 줄이더라도 좋은 상태가 지속됩니다. 올바른 노력을 꾸준히 해서 상태가 확고히 좋아지면, 그때는 약을 먹지 않고도 올바른 노력의 힘만으로 좋은 상태를 유지할 수 있게 됩니다. 그리고 상태가 좋아진 다음에도 올바른 노력을 계속해 나가면 삶에 놀라울 만한 변화가 찾아옵니다. 어떤 것도 자신을 힘들게 하지 못하게 됩니다. 대개는 상태가 좋아지면 더 이상 올바른 노력을 하지 않고, 과거에 살던 방식대로 살아갑니다. 그러면 앞으로 또 어떤 일이 벌어질지 모릅니다.

언젠가 한 TV 예능 프로그램에서 다음과 같은 내용을 본 적이 있습니다. 70대 남성이 나왔는데 몸이 굉장히 좋았습니다. 젊은 사람보다 근육량도 많고 힘도 아주 셌습니다. 진행자가 언제부터 그렇게 대단했냐고 묻자 그 사람이 말하길, 자기는 40대 때 제대로 걷지도 못할 만큼 몸이 안 좋았다고 합니다. 운동을 하면 좋아질 거란 말을 듣고서 꾸준히 운동을 했더니 지금처럼 되었다고 말했습니다. 우리 정신도 마찬가지입니다. 지금 정신적으로 힘들더라도 정신을 건강하게 할 수 있는 올바른 노력을 꾸준히 해 나간다면, 언젠가는 편안한 상태에 이를 것입니다. 편안한 상태에 도달해서도 계속해서 올바른 노력을 한다면, 언젠가 남들이 놀랄 만한 대단한 정신을 소유하게 될 수도 있습니다.

한편 우울증약뿐만 아니라 정신과 약을 먹을 때 주의해야 할 사항이 있습니다. 상태가 안 좋을 때만 약을 먹고 상태가 좋을 때는 약을 먹지 않는 것입니다. 이것은 좋지 않은 태도입니다. 대표적인 예로 잠이 안 올 때마다 수면제를 먹는 것을 들 수 있습니다. 그러다 보면 나중에 잠을 자기 위해 수면제를 수십 알씩 먹어야 하는 경우도 있습니다. 약을 쓸 때는 일주일 정도 상태를 지켜보면서 안 좋은 상태가 매일 지속되면 매일 약을 먹되, 올바른 노력을 병행하여 상태가 호전되어 평소에는 안 좋은 것이 거의 없고 간혹 한 번씩 안 좋으면 그때만 약을 먹는 것이 좋습니다.

다시 한번 강조하지만, 약은 올바른 노력을 하기 위해 먹는 것입니다. 우울은 정신에 안 좋은 것들이 많이 축적되어서 일어난 현상입니다. 건강해지기 위해서는 건강한 것을 계속해서 축적해 나가야 합니다. 그 결과 건강해지는 것입니다. 우리가 죽을 때까지 올바른 노력을 해야 하는 이유입니다.

또 하나 우울할 때 반드시 고려해야 할 것이 자살 위험성입니다. 우울증이 심하면 사는 것이 힘들기 때문에 죽고 싶다는 생각이 자주 듭니다. 자살 위험성이 클 때는 정신과에 입원하는 것도 심각하게 고려해 봐야 합니다. 실제로 자살을 시도했다가 살아난 사람들의 이야기를 들어 보면, 스스로 감당하기 어려운 괴로움이 지속되다 보면 죽지 않고서는 그 괴로움에서 벗어날 수 없다는 생각이 든다고 합니다. 죽음 외에는 답이 없다는 결론에 이르러 자살을 시도할 수밖에 없다는 것입니다. 그런 심리 상태에서 벗어나려면 상황에 변화를 주는 것이 필요한데, 입원이 하나의 방법이 될 수 있습니다. 병원에 입원해서 약물 치료를 받고, 또 환경에 변화를 주면 여러 가지 조건이 바뀌어서 죽고 싶은 마음 상태에서 벗어날 수 있습니다.

우리 존재는 순간마다 조건에 따라 움직입니다. 하지만 고정된 조건이란 것은 없습니다. 새로운 조건과 새로운 결과가 계속 이어질 뿐입니다. 조금이라도 조건에 변화가 생기면, 그에 따라 결과 역시 변합니다. 결코 이전과 똑같을 수 없습니다. 따라서 지금의 내 상태를 바꾸기 위해서는 어떤 형태로든 조건에 변화를 주어야 합니다. 이것이 불교적 관점입니다. 모든 것은 인과의 법칙에 따라 일어난다는 것입니다. 치료자와 환자의 관계에 있어서는, 치료자가 먼저 문제의 원인을 찾아내고 그것을 변화시킬 방법을 환자와 논의해야 합니다. 왜냐하면 환자는 지금껏 살아온 방식을 바꿔야 한다는 것을 이해하기 쉽지 않을뿐더러 변화를 위한 노력을 하기도 쉽지 않기 때문입니다. 그것을 치료자가 도와주어야 합니다. 그 길을 치료자와 환자가 함께 가야 합니다.

끝으로 우울로 고통받는 사람에게 가족이나 친구가 도움을 줄 수도 있습니다. 주변에 그런 사람이 있다면, 그저 옆에서 지켜보는 사람의 시각이 아니라 가능하면 본인이 그 사람의 입장이 되어 보는 것이 좋습니다. 우울증에 빠진 사람의 상황, 그가 느끼는 힘듦을 같이 느껴 보려는 마음이 굉장히 중요합니다. 누군가를 도와주려는 것은 물론 좋은 마음이지만, 우울한 사람의 입장이 되어 그가 어떤 상태인지 경험해 보지 않고서 자기만의 생각으로 접근하면 상황에 맞지 않은 방법을 권하게 될 수도 있습니다. 그러면 도와주는 사람도, 도움을 받는 사람도 실망하게 되고 더욱 길을 찾기가 힘들 수 있습니다.

우울한 사람은 이 세상에 자기를 이해해 줄 사람이 없다고 생각합니다. 혼자라고 생각합니다. 그럴 때 자기를 진정으로 이해하려고 노력하는 사람이 있음을 알게 되면, 그것만으로도 큰 위안을 받고 외로움에서 벗어날 수 있습니다. 우울증이 있는 사람은 스스로를 싫어하고 잘 받아들이지 않습니다. 그런데 남에게까지 그런 느낌을 받는다면 얼마나 더 힘들까요? 우울증이 있는 사람이 함께 있는 사람에게서 편안함을 느낀다면, 그것만으로도 도움이 됩니다. 그러려면 같이 있는 사람이 먼저 편안해야 합니다. 무언가를 해 주려고 하는데 잘 안 되면 힘들 수 있습니다. 그럴 때는 그저 함께 있어 주면서 우울한 사람을 관찰한 뒤에 명백하게 도움이 될 만한 것이라고 판단되는 일을 하면 됩니다. 우울한 사람이 필요로 하는 것이 무엇인지 잘 모를 때는 직접 물어봐서 그 사람이 필요로 하는 일을 해 주면 됩니다. 그것이 우울한 사람에게 정말 큰 도움이 될 수 있습니다.

강의를 마치며 - 묻고 답하기

우울증의 발생 원인 중 하나로 유전적인 요인을 말씀하셨는데요. 유전율과 평생유병률이 상당히 높아 보입니다. 서양의 정신의학이나 불교정신치료를 통해서 우울증을 극복한 사람의 경우, 유전율이 낮아질 수도 있나요?

우울증의 발생 원인으로 유전적인 요인을 들기도 하지만 확실한 것은 아닙니다. 임상에서 환자들을 볼 때 가족 요인과 무관하게 우울증이 발생하는 경우도 흔하고요. 우울증이 왜 생기느냐 하는 것이 확실히 밝혀지지 않았고, 또 우울증을 일으키는 다양한 원인 간의 상호관계도 아직 밝혀진 바가 없습니다. 사람마다 우울증의 원인에 차이가 큽니다. 말하자면 우울증의 유전적인 요인이 불확실하기 때문에 우울증을 극복한 사람의 유전율이 낮아질 수 있는가 하는 물음에 대한 답을 현재로서는 정확히 드리기 어렵습니다.

마음에는 유익한 것과 해로운 것이 있다고 하셨습니다. 해로운 것은 당연히 지양해야 할 테고요. 그렇다면 유익한 마음은 어떤가요? 유익한 마음은 좋은 과보를 가져온다는 점에서 추구해야 할 것처럼 보이지만, 그렇게 되면 그 또한 집착이 될 가능성이 있지 않나요?

유익한 마음의 결과로 아름다운 마음부수가 생깁니다. 유익한 마음은 탐욕이 없거나 성냄이 없거나 어리석음이 없는 마음이 두 가지 또는 세 가지 있거나, 현명한 주의가 있는 경우에 일어납니다. 집착의 마음이 강하면 탐욕의 마음이 되어 아름다운 마음부수가 일어날 수 없습니다. 유익한 마음을 내면 아름다운 마음부수가 일어나 나에게 이득이 된다는 사실을 지혜로써 알게 됩니다. 따라서 유익한 마음에 대한 집착은 전혀 걱정할 필요가 없습니다.

감정은 '조건에 따른 결과'임을 아는 것이 중요하다고 하셨습니다. 그런데 매 순간을 이런 식으로 인식하면서 살면 삶이 무미건조해지지 않을까요? 불안이나 우울 같은 감정과 함께 기쁨과 즐거움 같은 기분 좋은 감정도 누리지 못하게 되는 게 아닌가요?

우리의 삶에는 재미가 꼭 필요합니다. 재미는 우리의 삶에 큰 활력을 줍니다. 그래서 어떤 형태로든지, 어떤 성격으로든지 재미는 꼭 필요합니다. 다만 재미를 기존의 것과는 좀 다른 데서 찾아야 합니다. 그 이야기를 좀 해 보겠습니다.

매 순간 정신 현상에 대해 정확하게 알고 살면, 일단 괴로움이 많이 줄게 됩니다. 여기에서 재미를 찾아야 합니다. 실제로 재미있는 일이고요. 괴로움이 줄면 우리에게 정말로 필요한 일을 할 수 있습니다. 우리에게 필요한 일은 정말 많습니다. 그중에서도 무엇보다 순간순간 우리 마음에서 해로운 마음이 일어나지 않도록 노력하는 것, 반대로 순간순간 유익한 마음이 일어나도록 노력하는 것이 정말 필요한 일입니다. 유익한 마음이 될 때 우리 마음이 편안하고 고요하고 가볍고 행복해집니다. 이런 재미를 알면 탐욕, 성냄, 어리석음에 기반한 해로운 마음에서 나온 기쁨과 즐거움이 재미있긴 하나 진정한 기쁨과 즐거움이 아니라는 것을 알게 됩니다. 유익한 마음에서 생긴 기쁨과 즐거움이 해로운 마음에서 생긴 기쁨과 즐거움보다 질이 훨씬 높다고 보면 됩니다.

우울증으로 고통받는 지인을 도와주려고 애쓴 적이 있습니다. 위로도 하고 얘기도 들어 주고 했어요. 그런데 별로 도움이 되지 않는 것 같았습니다. 우울한 이들을 돕는 구체적이고 효과적인 방법이 뭐가 있을까요?

우울한 사람에게 실제로 도움이 될 만한 일을 해야 합니다. 그러려면 먼저 우울한 사람을 잘 알아

야 하겠지요. 언젠가 <포레스트 검프>라는 영화를 본 적이 있습니다. 그 영화에서 고통스러워하는 여자 주인공에게 남자 주인공이 한 행동이 아주 인상적이었습니다. 남자 주인공은 힘들어서 울고 불며 어쩔 줄 몰라 하는 여자 주인공 옆에서 아무 말 없이 가만히 같이 앉아 있어 주었습니다. 우울한 사람도 누군가 옆에 같이 있어 주기를 바랍니다. 그리고 자기에게 무언가를 해 주기보다 자기를 이해해 주기를 바랍니다.

우울한 사람이 곁에 있다면, 그 사람을 좀 더 편안하게 해 주는 것이 좋습니다. 같이 있는 사람 때문에 힘들지 않도록 말이지요. 그러려면 내가 먼저 편안해야 합니다. 우리는 우리가 할 수 없는 일을 하려고 할 때 힘이 듭니다. 그러니까 '나는 우울한 사람을 몰라. 그 사람이 한번 되어보자' 하고 마음먹고 실제로 그렇게 해 보는 것이 한 가지 방법입니다. 당사자의 눈으로 보고, 그 사람의 마음과 그 사람의 감정이 되어 보는 것이지요. 그러면서 우울한 사람이 부탁하는 일을 들어주거나, 또는 우울한 사람을 잘 관찰한 뒤 명백하게 도움이 될 만한 것이라고 판단되는 일을 하면 됩니다. 핵심은 '아, 이 사람이 곁에 있어 줘서 고맙다'는 마음이 들게 하는 것입니다. 그래야 그 사람에게 도움이 됩니다.

정신이 일어난 현상들에 앞서서 일어나니
정신이 최상이고 정신으로 만들어져 있다
사람이 오염된 정신으로
말하거나 행동하면 괴로움이 그를 따르리
수레바퀴가 황소의 발굽을 따르듯

_ 법구경

부처님의 감정수업

2020년 10월 14일 초판 1쇄 발행

지은이 김정호·서광·전현수
발행인 박상근(至弘) • 편집인 류지호 • 상무이사 양동민 • 편집이사 김선경
책임편집 양민호 • 편집 이상근, 김재호, 김소영 • 디자인 쿠담디자인
제작 김명환 • 마케팅 김대현, 정승채, 이선호 • 관리 윤정안
펴낸 곳 불광출판사 (03150) 서울시 종로구 우정국로 45-13, 3층
대표전화 02) 420-3200 편집부 02) 420-3300 팩시밀리 02) 420-3400
출판등록 제300-2009-130호(1979. 10. 10.)

ISBN 978-89-7479-863-5 (03220)

값 14,800원

이 도서의 국립중앙도서관 출판예정도서목록(CIP)은
서지정보유통지원시스템 홈페이지(http://seoji.nl.go.kr)와
국가자료종합목록 구축시스템(http://kolis-net.nl.go.kr)에서 이용하실 수 있습니다.
(CIP제어번호 : CIP2020042357)

잘못된 책은 구입하신 서점에서 바꾸어 드립니다.
독자의 의견을 기다립니다. www.bulkwang.co.kr
불광출판사는 (주)불광미디어의 단행본 브랜드입니다.